歴史文化ライブラリー
298

博覧会と明治の日本

國 雄行

目次

明治初期の博覧会

内国勧業博覧会の誕生

博覧会とは何か？——プロローグ

直木三十五とカーマン・セラ

小説家に与えられる文学賞に「直木賞」というものがあるが、これは菊池寛《きくちかん》が直木三十五《なおきさんじゆうご》の業績を記念して昭和一〇年（一九三五）に創設した賞だという。この直木という人は、小説を書くほか、脚本を書き、映画監督もつとめるなど、多才な人であったそうだ。直木は大阪の古着屋の長男として生まれ、第五回内国勧業博覧会（以下、内国博と略記）が開催された明治三六年（一九〇三）当時は、高等小学校に通う少年であった。直木は当時を思い出して次のように語っている（『直木三十五全集』八）。

この博覧会に、カーマンセラ嬢電気の舞というのがあった、これを何《ど》うかして見た

図１　カーマン・セラの電気舞（『風俗画報』臨時増刊，第五回内国勧業博覧会図会，下編）

いが見せてくれそうにない。それで、一円盗んで見に行く決心をしたが、貧乏の家に盗める一円なんぞ有ろう筈がない。それで一策を考えて、店の金を入れる張り子の小さい籠を利用する事にした。渋紙張りの汚い四角の籠。上部に太い竹を使ってあるが、この太い竹と、その下に使ってある、へいだ竹との間の渋紙が、破れている。逆様にして、金を出すと、その破れへ一寸《ちよつと》引っかかる事がある。私は、その破れを大きくして、その間へ、五十銭を入れる事にした。見つかって、引出せば元々、夜計算をして首尾よく、引っかかったままで通過すれば五十銭になる。

「五十銭足らんがな」

父は、ぽんぽんと、籠を引っぱたくが、五十銭は、破れ目の奥深く入っていて、出て来ない。

「わて、知りまへんで」

と、母がいうし、私は一生懸命だ。

「五十銭、負けたん忘れてんね、ちがうか」

一週間程かかって、ようよう一円盗んだ。それで、カーマンセラなるものを見に行った。「胡蝶の舞」一つ。スカートを大きく拡げるカーマンセラに、色電気をあてるだけの事である。余りつまらないので、冷汗かきかき一円盗んだのを後悔して、二度と、籠を利用しなかったが、本当に、手に汗を握っていた。

直木三十五が盗みまで働いて博覧会に行った目的は、カーマン・セラの舞を見るためであった。博覧会とはダンサーが舞う劇場のようなものなのだろうか？

博覧会のイメージ

読者の皆さんは「博覧会」に対して、どのようなイメージをお持ちだろうか。子どもの頃の私は、「博覧会」とは遊園地のようなものだと思っていた。これは昭和四五年に大阪で開かれた万国博覧会から導き出されたイメージである。私は不思議な顔を持った大きな塔の下に、世界から「コンニチハ、コンニチハ」と人が集まってきて何か楽しいことをやっていると思っていたのである。

では今の若い人は博覧会に対してどのようなイメージを持っているのだろうか。私が勤務する大学の学生たちに聞いてみた。すると次のような答えが返ってきた。

①　世界中の珍しいものを集めて客に見せる場。
②　各国のお国自慢を繰り広げる場。
③　各国の伝統文化・産業・技術を外にアピールする場。
④　国民に対して自国の威信を見せる場。
⑤　情報交換の場。
⑥　博物館＋美術館＋お祭り。

その他、マスコット・キャラクターが出てきて宣伝を行なっている場、という面白い答えもあった。これらを総合すると、博覧会とは世界中の珍しいモノが陳列される場で、そのモノとは各国の自慢の品（これは自然のモノもあれば、人工のモノもあろう。伝統的なモノもあれば、最新技術を駆使したモノもあろう）で、このモノによってその国の威信を示す場ということになる。また、多種多様なモノが展示されるので、それらのモノに関する知識や情報が交換される場でもある。そう、それは博物館や美術館にちょっと似ているのである。博物館などと異なるところは、博覧会が祝祭性を帯びていることである。これは、博覧会が博物館のような常設施設とは違って期間限定の催しであり、非日常的な祝祭空間として設置されるからである。このため非日常的（幻想的であったり、奇怪であったりする）

なマスコット・キャラクターが出てきて博覧会を宣伝したりするのである。学生の抱く博覧会像は多種多様であり、博覧会を一言であらわすことは難しいようである。

福沢諭吉の博覧会

それでは慶応二年（一八六六）に日本ではじめて博覧会を紹介した福沢諭吉《ふくざわゆきち》の文章を参考にしてみよう。福沢は文久二年（一八六二）、幕府の遣欧使節団に通訳として随行し、ロンドン万国博を見学してその体験を『西洋事情《せいようじじょう》』で紹介した。

（前略）西洋の大都会には、数年毎に産物の大会を設け、世界中に布告して各々その国の名産、便利の器械、古物奇品を集め、万国の人に示すことあり。これを博覧会と称す。（中略）博覧会は、もと相教え相学ぶの趣意にて、互に他の所長《しょちょう》を取りて己れの利となす。これをたとえば智力工夫の交易を行うが如し。又、各国古今の品物を見れば、その国の沿革風俗、人物の智愚をも察知すべきがゆえに、愚者は自から励み智者は自から戒め、以て世の文明を助くること少なからずという。

つまり、博覧会とは大都会で開催される物産の大会で、知識や技術を交換して文明を進展させる場であった。『西洋事情』には、ダンサーが出てきて舞を演じるなど、どこにも書かれていないのである。しかし、それから四〇年の歳月が流れ、明治三六年に開かれた

第五回内国博に行った直木の目的は、怪しい舞を見ることであった。この四〇年の間に博覧会に何があったのだろうか？　本書では、この博覧会の変貌を明治の社会の中で、じっくりと見ていこうと思う。

平成一七年（二〇〇五）に拙著『博覧会の時代』（岩田書院）を世に問うたが、これから始める叙述には、その後の研究を加味して『博覧会の時代』にはなかった事柄をあれこれ取り入れるつもりである。特に博覧会と同時代に生きた人々の声を多く取り入れることにより、生き生きとした博覧会像を描き、博覧会をわかりやすく紹介しようと思う。また、本書の表記にあたっては次の点に留意する。

① 細かい註を記すことを避ける。引用史料は史料名を、基本的な文献はその書名を、研究書・論文などは著者の苗字と発行年を括弧に入れて文末に記すので、巻末の史料・参考文献リストから、それらの詳細を求めていただきたい。また特に註記のない場合は『博覧会の時代』からの引用とする。

② 江戸時代の西洋の事象について、日本年号であらわすと煩雑になる場合は西暦のみであらわす。

③ 引用史料は一部を除いて現代語に訳す。

万国博覧会の誕生

一八四九年八月、一人の天才学者がロンドンに亡命した。カール・マルクスである。この二年後の一八五一年五月一日、ロンドンでは世界初の万国博覧会が開催された。しかし、マルクスは大英図書館にこもって経済学の研究に没頭していた。同二一日、盟友エンゲルスに宛てた手紙に「このごろはいつも朝の一〇時から晩の七時まで図書館に坐り込んでいる。産業博覧会は君がくるまでは見合わせだ」と記している（『マルクス・エンゲルス全集』二七）、後年、この大英図書館で『資本論』が生まれるわけである。マルクスが研究を優先するあまり博覧会見物を先延ばしにしているように見えるが、実は万国博の入場料は開会から約一ヵ月間は五シリング（当時の農工労働者の週給は一五シリング程度）に設定されており、家賃の支払いさえ滞るマルクスには、万国博の入場料を用意することができなかったのであろう。マルクスが常に貧困にあえいでいたことは有名で、後年、「カールが資本について書く代りに幾らかの資本を作ってくれたら、さぞよかったろうに」と母に苦言を呈されるほどであった（カー・一九五六）。

ロンドン万国博は一〇月一五日まで開催され、三四ヵ国が参加し、六〇〇万人もの入場者を集めた。「世界の工場」と呼ばれたイギリスが、その工業力を万国に顕示した産業博覧会であった。

フランス内国博覧会からロンドン万国博覧会へ

フランスの内国博覧会

一八五一年のロンドン万国博は世界初の万国博であるが、世界初の博覧会ではない。一九世紀前半のヨーロッパでは、すでに各地で小規模の博覧会が開催されていたのである。世界初の博覧会は一七九八年のパリで開催された内国博覧会といわれている。この内国博は内務大臣フランソワ・ド・ヌシャトーが革命の混乱により衰退した産業を復興するために企画した。これがきっかけとなってパリでは内国博が開催されていくことになるが、これらの内国博について、明治時代の政治家である金子《かねこ》堅太郎《けんたろう》が、表1のように四期に分けて解説している（金子・一九〇二）。I期は研究的・孵卵《ふらん》的博覧会で、計四回の内国博が開催された。第一回は、フランス製品をイギリ

表１　フランス内国博の変遷

期	博覧会の内容	回数（西暦）
Ⅰ	研究的・孵卵的	１—４（1798—1806）
Ⅱ	学術応用・機械発明	５—７（1819—1827）
Ⅲ	経　済　的	８—10（1834—1844）
Ⅳ	万　国　博	

ス製品排撃の兵器と見立てた戦争的博覧会であったが、フランスでは革命以来、戦争のために農商工業に着手する者が少なかったこともあり、出品者は一一〇人にとどまり、十分な効果を見ることはなかった。第二回も戦争的な博覧会であったが、ジャッカール（ジャガード）の自動織機が注目されるなど、国民に殖産興業の観念を抱かせる博覧会ともなった。第三回からは殖産興業的色彩が濃くなり、第四回ではフランス各州から出品され、会期一〇日間、出品者は一〇〇〇名を超える大規模な博覧会となった。

Ⅱ期は、フランス帝政の回復とともに学術を応用した新工業が起こり、ガラスや絹織物が出品された。リヨンから器械製の良質な織物が出品され、イギリスの独壇場であった機械（器械）製造分野にフランスも躍り出ることになった。Ⅲ期は、外国の農商工業への対抗意識を国民に持たせ、輸出増進をはかった経済的博覧会である。Ⅳ期は、文明が進むにつれて貿易上に国境がなくなり、実業界には邦域がなくなった結果、世界の産物を一堂に集め、世界経済を円滑に疎通させる万国博が開催されるようになったというのである。

金子はふれてはいないが、一八四九年には一一回目の内国博が開催された。この博覧会は万国博として構想されたが、商工業者たちの協力を得ることができず内国博として開かれた。しかし、フランスの植民地からも出品があり、出品者数は四五三二人に及ぶ盛大な博覧会となった（カードウェル・一九八九。松村・一九八六）。

このようにフランスの内国博は、イギリスを仮想敵とする戦争的博覧会から、富国を目ざす産業奨励会へと変わっていったのである。一九世紀前半のフランスでは、パリだけでなくナントやリール、ボルドーなどでも博覧会が開催され、その存在は商工業者になじみの深いものになっていた。一方、イギリスではバーミンガムやリーズ、ダブリンなどの工業都市で諸種の展示会が開催されるようになり、各地域の美術品や工場製品、農機具、家畜などが展示即売された（松村・一九八六）。そのほか、ヨーロッパ各国の都市でも産業振興のための博覧会が開催されるようになったのである。

ロンドン万国博覧会

一七五四年にロンドンで設立された工芸協会は、発明や技術改良に懸賞金をかけて工芸や製造業、商業を奨励していた（大野・一九九八）。工芸協会は一八四七年にヴィクトリア女王の夫アルバート公を会長に迎え、この年から工芸品の展示会を開催するようになった。第一回展示会の入場者数は二万人、四八年の第二回は七万人、四九年の第三回は一〇万人と順調に拡大した。この展示会に関わっていた協会会員ヘンリー・コールは、一八四九年にパリに赴き、第一一回パリ内国博を視察する機会を得た。そして、その規模の大きさと盛況ぶりに驚嘆し、帰国後、アルバート公に国際博覧会の開催を提案するに至ったのである。この案は早速了承され、翌年、万国博開催に向けて王立委員会が組織された（カードウェル・一九八九。松村・一九八六）。

一八五〇年三月二一日、ロンドンの市長公邸において、各国公使や政治家、貴族、実業家などが招かれ、万国博推進のための大宴会が開かれた。その際のアルバート公の演説の一部を要約すると次のようになる（*The Illustrated London News*, 1850.3.23.）。

教養のある人間にとって、現在、我々が生きている時代を見極め、研究することは義務なのです。地球上の各国・各地域を切り離していた距離は、近代の発明の前に徐々に消え去ろうとしています。そして、私たちは信じられないほど簡単にそこを行き来できるようになりました。今まで秘密裏にあった発明や発見はすぐさま公開され、改良され、それらは、たちまち乗り越えられてしまうのです。一八五一年の博覧会は我々に与えられた試金石です。それは、全人類の偉大な事業における到達点を生き生きと描き出すものであるとともに、すべての人々をさらなる努力へと導く新たなスタート地点でもあるのです。

アルバート公は、信じがたい速さで進歩する科学と、それに比例して狭くなる地球を実感していた。各国の技術はすぐさま万民の共有物となり、発展改良が繰り返されていくのである。博覧会とは過去の実績を参考にして未来の目標を指し示す羅針盤でもあった。

クリスタルパレス

一八五一年五月一日に開幕したロンドン万国博で何よりも話題を呼んだのは、造園家ジョセフ・パクストンが温室を模して設計した展示場のクリスタルパレスであった。その名が示す通り、三〇万枚のガラス、三八〇〇トンの鋳鉄、七〇〇トンの錬鉄でつくられたガラスの宮殿で、大きさは全長五六〇メートル、幅一二〇メートル、高さは三〇メートルに達した。この巨大展示場の半分はイギリスとその植民地の出品で占められ、他方は各国に割り当てられた。出品者は約一万五〇〇〇人、出品数は一〇万点にのぼり、出品物は、新奇性、オリジナリティー、技巧などが勘案され、三〇八八点に賞牌が授与された。

出品の目玉は、工業化を象徴する機械であった。イギリスのエドウィン・ヒルらが出品した封筒製造機は、熟練工が一日三〇〇〇枚の封筒をつくるところを一時間で二七〇〇枚も製造した。また、イラストレイテッド・ロンドンニューズ社は輪転機による大量印刷を実演した。活字が組み込まれた円筒の表面が回転し、つぎつぎに新聞がはき出されてくる

図2　クリスタルパレス（*Exhibition of the works of industry of all nations 1851*, 大阪府立中之島図書館蔵）

光景は話題を呼んだ。ジェームズ・ナスミスが出品したスチームハンマーは、鉄塊が直線的に落下するというハンマーであるが、蒸気力を利用してハンマーの動きが微妙に調整できるという優れものであった。その他、機関車やスチームポンプ、工作機械など、数多くの機械が展示された（春山・一九六七。吉田・一九八五a。松村・一九八六。吉見・一九九二）。

マルクスが、「イギリス人は、産業博覧会ではアメリカ人が栄冠を獲得してあらゆる点で自分たちを打ち負かした、ということを認めている」と記したように（『マルクス・エンゲルス全集』二七）、新興国アメリカの出品が特に注目された。なかでも家畜を利用して農作業を効率化したマコーミックの収穫機（刈取機）や、相互交換方式（規格化した部品により複数の品を製造）により大量生産されたロビンス・アンド・ロレンス社の陸軍用ライフル銃が脚光を浴びた。米英以外では、ドイツのクルップ社が出品した六ポンド野砲と、その鋳鋼技術の高さが絶賛された（諸田・一九七〇）。会場には一九世紀工業化の成果が余すところなく展示されていたのである。

ロンドン万国博の結果と反省

ロンドン万国博が六〇〇万人もの人々を集めることができた要因の一つは、入場料を工夫したことだといわれている。開会当初の入場料は五シリングと高額に設定されていたが、五月末になると月曜から木曜日が一シリング、金曜日が二・五シリング、土曜日が五シリングとなった（日曜日は休館）。月曜から木曜までの「シリングデーズ」には総入場者数の四分の三にあたる四四四万人が入場した（長嶋・一九八七）。おそらくマルクスもこの日に入場したことであろう。

ロンドン万国博は支出が三三万ポンド、収入が五二万ポンドで、一九万ポンドの収益をあげ、経済的に大成功を収めた。しかし、この万国博で工芸協会の関係者たちは、イギリス工業に重大な欠陥があることに気づかされたのである。それはイギリスが系統的な技術教育制度を持っていないということであった。そこで、工芸協会と議会が協力し、万国博の収益金などを投入して、サウスケンジントン地区にヴィクトリア・アルバート博物館、科学博物館、帝国科学技術専門学校、王立美術専門学校などが設立された。さらに政府に科学工芸局が設置され、科学教育が奨励されるようになったのである（カードウェル・一九八九。アシュビー・一九六七。松村・一九八六）。ロンドン万国博は、世界に先駆けて工業化を経験したイギリスが、「世界の工場」としての地位を誇示する場であった。しかし、アメリカの脅威や、イギリスの科学教育の不備が明らかとなったことも事実である。

アルバート公は、この万国博を「すべての人々をさらなる努力へと導く新たなスタート地点」と語ったが、イギリスにとってはそうではなかったようである。歴史学者のマーティン・J・ウィーナは、「大博覧会の世代は、始点でなく終点だった。産業資本主義に対する知識人の熱烈な賛美は、やがて峠に差しかかる」、「一八五一年以降、英国が万国博覧会で産業技術あるいは建築の面で、重要で技術革新的な主役を演じたことはないのである」と述べている（ウィーナ・一九八四）。つまり、一八五一年は工業化を達成したイギリスの絶頂期であり、これから続く長い下り坂を予兆するものだったのである。

第二回ロンドン万国博とオールコック

一八五一年ロンドン万国博の成功は万国博流行の発端となった。この後、五三年にニューヨーク、五五年にパリで万国博が相次いで開催され、六二年には二回目のロンドン万国博が開催された。二回目のロンドン万国博は一八五一年のロンドン万国博のイメージがあまりにも強烈であったため、博覧会の歴史の中で特に注目されていない。それは、イギリスが工業化の主役の座から降りようとしている時期であり、博覧会の主役もロンドンからパリへ移行している時期であったということも背景にあるのかもしれない。しかし、この万国博は日本にとっては記念すべき博覧会である。それは、日本製品がはじめて展示された万国博だからである。

一八五九年(安政六)、中国で辣腕《らつわん》をふるっていたイギリスの外交官、ラザフォード・オールコックが初代駐日総領事に着任するため来日した。オールコックにはもう一つ、重要な任務が与えられていたのである。それは一八六二年のロンドン万国博のために日本の品々を収集することであった。まずオールコックは日本人や外国商人らの助力を得ようとしたが、幕府や大名は消極的で、横浜居留地の商人は商売に忙しく協力的ではなかった。このためオールコックは自分で品物を収集しなくてはならなくなってしまった。しかし、収集活動は進めていくうちに、かなり楽しい仕事になったようである(『日本の美術と工藝』)。

オールコックは江戸や横浜では仕事ついでに街道筋などの店を物色し、函館、富士山、長崎まで旅行した際には熱心に歩き回って収集した。たとえば大阪では「最初の日はほとんど一日中買い物と観劇にあて」、「朝のうちはのりものにのるよりもむしろ歩く疲労の方を選んで、歩きつづけた。歩いた方が、買ったり調べたりする値打ちがあると思われる品物を置いている店にはいりやすいからである」。そして絹製品を購入し、「織り物の見本としてはまんざら悪いものでもなかったので、全部万国大博覧会に送った」のである。また、幕府は万国博のためにオールコックに和紙や木材を贈ったが、「外国貿易は繁栄と富をもたらすものと考えるどころか、反対に有害であり、国を貧しくするものだと考えて」いたため、概して協力的ではなかったようである（『大君の都』上・中。宮内・一九七九）。

ジャポニスムの契機

オールコックの収集品は博覧会場で「JAPAN」の横幕の下に展示された（図3）。博覧会審査員のハントは、「このコレクションは、ひじょうにすばらしいものだ。ブローチや留め金のような小さな装飾品は、みごとな出来ばえをみせている」と高い評価を下し、画家のジョン・レイトンは、「古風な趣きのある美しさが日本のすべてを支配しているように思われる」と評した（『大君の都』下）。日本の出品物は、はじめ一部の専門家たちに衝撃を与え、その影響はしだいに大衆へと浸透していった（宮内・一九七九）。この万国博は博覧会としての評価は今ひとつであるが、ヨーロッパにおけるジャポニスムの契機となったことは確かなようである。

しかし、これらの展示を不快と感じた者もいた。博覧会場には幕府がヨーロッパに派遣した使節団が見学に来ていたのである。この使節団は竹内保徳《たけうちやすのり》を代表とし、条約締結国への挨拶と、開市・開港の延期交渉などを任務としていた。団員の一人、外国奉行支配調《しらべ》役《やく》の淵辺徳蔵《ふちべとくぞう》は、日本の展示について、「女性の古着や粗製の刀剣、甲冑《かっちゅう》、陶器類とともに、提灯《ちょうちん》や草履、膳椀、傘にいたるまで骨董店のように雑具を展示しており、見るに堪えない」と歎いた。さらに淵辺は、「元来、博覧会の目的は世界の商人が集まって自国の誇る産物などを展示販売して利益を得るところにあるが、日本はまだ世界と交流せず、この意味を知らないので、このような『粗物』のみの出品となったのだ」と記している（『遣外使節日記纂輯』三）。江戸時代の末期に、幕臣の一人が正確に博覧会の目的を理解するがゆえに、日本の展示を恥じていることは興味深い。

図3　1862年ロンドン万国博の日本展示コーナー
（*The Illustrated London News*, 1862.9.20）

一方、通訳として使節に同行した福沢諭吉《ふくざわゆきち》は、博覧会場を回って力織機や蒸気ポンプなどを見学し、「博覧会とは、万国の製作品や新発明の器械などを集めて諸人に示す施設である」と認識し、その重要性を痛感したのであった（『福沢諭吉全集』一九)。この体験は前述したように、後に『西洋事情』に記されるのである。

見世物と薬品会――日本における博覧会の源流

黒船とロンドン万国博

一八世紀、工業化を進める西洋諸国は原料と市場を求めて、東へ東へ船を進めるようになり、一九世紀になると日本近海には多くの外国船が出没するようになった。幕府は長崎出島に居留するオランダ人からの情報書である「オランダ風説書《ふうせつがき》」により西洋の風聞を得ていた。嘉永四年（一八五一）七月、幕府は「オランダ風説書」の特別版である「別段風説書」を得た。この書にはオランダ王室の訃報からカリフォルニアのゴールドラッシュ、太平天国の乱まで世界の情報が満載されていた。さらに、そこには「エゲレス国」の首都に「世界諸邦、土産の諸物を見物」させるための場所として、ガラスと鉄の大きな建物が設置されたと記されていた。クリスタルパレスのことである。江戸時代末期の幕府にはロンドン万国博の情報が伝えられていたのである（『鈴木大雑集』四）。風説書を読むことのできた幕府の人々が、どのような感想を持ったのか明らかではないが、ガラスと鉄でできた建物など想像もできなかったことであろう。そして、翌嘉永五年の「別段風説書」には、ペリー率いるアメリカ艦隊が通商のために日本に派遣された旨や、サスケハナ、サラトガといった艦船の名、船には「上陸攻城の兵具」が積載されていることまで記されていた。これにはさすがに幕府要人は緊張し、前年の万国博情報など、どこかに吹き飛んでしまったことであろう。「別段風説書」の記述通り、嘉永六年、ペリー率いるアメリカの艦隊が浦賀に出現した。ペリーは久里浜《くりはま》に上陸し、開国を要求するフィルモア大統領の親書を手渡していったん離日し、翌七年、開国交渉のために横浜に再来航したのである。

江戸の見世物

ペリーの二度にわたる来航に際して江戸内湾で流行したのが黒船見物であった。幕府は見物禁止令を出したが、人々の〝黒船を見たい〟という欲求を抑えることはできなかった。ペリー艦隊の通訳をつとめたウィリアムズは、嘉永七年一月二七日の日記に次のように記している（『ペリー日本遠征随行記』）。

この奇妙な外輪船を見物しようと、男も女も乗り込んだ小船を繰り出し、その多くはビスケットや品物を投げれば届くほどの間近に寄って来た。二、三の船と交歓しているると、御用船が一隻、怒鳴りちらしながらその間に割り込んで来た。すると、彼らは蜘蛛の子を散らすように退いていってしまった。しかし、一、二隻が臨検されて、一人の男がみせしめのように笞《むち》でしたたかに叩かれていた。

笞打ちという高い代償を払うことになるかもしれない黒船見物であるが、一向になくなる気配もなく、幕府は翌月にも再度禁令を出すことになった。未知の存在である黒船との遭遇というスリルに、笞打ちになるかもしれないというスリルが加わり、黒船見物は実にスリリングな見世物となった。庶民は何でも見世物にしてしまうのである。

江戸時代の見世物は誠に多種多様であった。川添裕《かわぞえゆう》氏の研究によると近世後期に興行された見世物は、①細工（細工・貝細工、人形、からくりなど）、②曲芸・演芸（軽業《かるわざ》、曲独楽《きょくごま》、唐人踊《とうじんおどり》など）、③動物（ヒクイドリ、ラクダ、ゾウ、ヒョウなど）、④人間（熊女《くまおんな》、福助《ふくすけ》、女相撲《おんなずもう》など）に分類でき、このうち①細工が全体の四八％を占め、圧倒的に多かったという（川添・二〇〇〇a）。

江戸では両国、上野、浅草が三大見世物地帯といわれており、火除地《ひよけち》（延焼防止を目的に設置された空地）や寺社境内で見世物が興行され、大衆娯楽として庶民に親しまれていた。また見世物は神仏と深い関わりがあり、仏像の開帳と周辺の見世物興行はしばしばセットで行われた。開帳とは普段は公開しない寺の秘仏を一定期間公開（その寺以外の場所まで出張して公開することを出開帳《でがいちょう》という）することで、その賽銭は寺社の建物修復などにあてられた。開帳は中世にも存在したが、江戸時代に流行し、

　仏さへ　流転なさるる　出開帳

と川柳《せんりゅう》に詠まれるほどであった（「冬ぼたん」）。特に向両国《むこうりょうごく》にある回向院《えこういん》の出開帳は有名で、毎年諸国から寺社が出てきて開帳を行い賑わっていた。たとえば文政三年（一八二〇）六月一日から八月二日まで、江戸出開帳の四天王と呼ばれた善光寺如来《ぜんこうじにょらい》の開帳が行われ、その周辺では米藁細工《わらざいく》の鳥獣見世物から、娘曲馬《きょくば》、釣鐘をもち上げる力持《ちからもち》まで、雑多な見世物で賑わったのである（小林・一九七九。比留間・一九八〇。川添・二〇〇〇b）。

収入目当ての開帳に批判がなかったわけではない。安永七年（一七七八）の回向院での善光寺如来開帳に際して、平賀源内《ひらがげんない》は、「嵯峨の釈迦でも善光寺でも、開帳に出る事は衆《しゅ》生済度《じょうさいど》（救済）は勿論なれども、二ツには参詣の散銭をにょらう故、そこで如来と申す」と、営利目的の開帳を冷やかしている（『平賀源内全集』下。「にょらう」＝「狙う」）。

出開帳や見世物といった臨時の催しにお金を払って楽しむという習慣は、江戸市民の生

活の一部として根付いていた。これらの存在が、明治の世となってヨーロッパ生まれの博覧会が日本にやって来ても、拒絶されずに受け入れられる素地となったようである。

平賀源内の東都薬品会

さて、博覧会の源流をさぐろうとすれば、薬品会《やくひんえ》の存在も明らかにしておかなければならない。薬品会とは、物産会《ぶっさんえ》、本草会《ほんぞうえ》、博物会とも呼ばれ、薬用となる動植物・鉱物をはじめ、あらゆる天産物、珍品奇物を一堂に集めて、品評や研究をした会である。江戸では薬品会、京坂では物産会と呼ばれたようである。宝暦元年（一七五一）に本草学者の津島如蘭《つしまじょらん》が大坂で開催した本草会がその先駆的なものといわれているが、本格的な会としては江戸で開催された東都薬品会があげられよう（遠藤・二〇〇三）。東都薬品会は、宝暦七年に町医者で本草学者の田村藍水《らんすい》が、門人・平賀源内の勧めにより湯島で開いたものである。この会は宝暦一二年まで五回開催され、特に第五回目は全国から出品を収集するという壮大な会となった（芳賀・一九八九。土井・二〇〇八）。この会は、規模が大きいだけに準備も半年前から開始され、会主となった平賀源内は、開催主旨や出品収集方法などを記したチラシを全国に配布した。これによれば、会の目的は日本各地の人々の協力を得て産物を収集し、輸入に頼っていた薬種を国内産物で代替することであった。宝暦一二年閏四月一〇日、会期わずか一日の東都薬品会が開会し、草木、金石、鳥獣、魚虫介類など、一三〇〇余点にわたる出品物が陳列されたのである（『平賀源内全集』下）。

会の終了後、源内は出品物の中から周知の品種を除いて重要と思われるものを三六〇種選び、漢名・和名・産地などを記し、『物類品隲《ぶつるいひんしつ》』（全六巻）として刊行した。本書により東都薬品会はさらに有意義なものになったのである。東都薬品会は、薬種などの輸入代替をめざして膨大な出品物を一堂に集めて観覧に供し、知見を広めるという会であり、博覧会に似た催しであった。博覧会と異なる点は「競争」がないことである。博覧会は出品物を同じ土俵にあげて、その優劣を比較し競争させるコンクールなのである。

その後、天明元年（一七八一）には、田村藍水の子、西湖《せいこ》とその門人らが躋寿館《せいじゅかん》で薬品会を開催した。この会には『解体新書《かいたいしんしょ》』の杉田玄白《すぎたげんぱく》、大槻玄沢《おおつきげんたく》、中川淳庵《なかがわじゅんあん》、桂川甫周《かつらがわほしゅう》らも加わり、大槻は木乃胃《ミイラ》、中川は駝鳥《だちょう》卵などを出品した。躋寿館とは明和二年（一七六五）に、幕府の奥医師、多紀元孝《たきもとたか》により建てられた医学校で、寛政三年（一七九一）には幕府の所管となり「医学館」と改称された。その後も慶応三年（一八六七）まで医学館では薬品会が頻繁に開催されていったのである（遠藤・二〇〇三）。

慶応三年のパリ万国博覧会

パリ万国博と「博覧会」の誕生

元治年間（一八六四〜六五年）、幕府監察として外交に奔走していた栗《くり》本鋤雲《もとじょううん》は、伊豆国熱海（静岡県）でフランス公使ロッシと会談する機会があり、その際、パリで「エキスポジシヨン」があるので、日本からも出品してほしいと要請された。ロッシは「エキスポジシヨン」とは、世界各国が出品して、その優劣を知り、智力を競うことであり、非常に有益なことであると説明した。そこで栗本が、「エキスポジシヨン」という用語の意味を尋ねると、通訳のカションが「広く示すという意味である」と答えた。そして、カションは逆に日本語ではどのようにあらわせば良いかと質問してきた。その時、栗本は江戸で開催されている医学館の薬品会を思

図4　パリの栗本鋤雲（『明治名士写真帳』東京大学史料編纂所所蔵）

い出した。薬品会には天下の物品や博物に供すべき物が陳列されており、「エキスポジション」に似ているので、「博覧会」の字をあてたらどうだろうかと提案すると、ロッシもカションも同意した。「博覧会」という言葉の誕生した瞬間である（『匏庵遺稿』二）。

栗本は、幕府医官喜多村槐園《きたむらかいえん》の子として生まれ、幕府奥詰《おくづめ》医師栗本家の養子となって製薬、本草の研究に打ち込んでいた経緯があった。このため、カションから「エキスポジション」の訳語を聞かれた時に、すぐに薬品会が浮かんだのであろう。

万国博参加の思惑

幕府はパリ万国博参加を決定すると、将軍徳川慶喜《とくがわよしのぶ》の名代《みようだい》として慶喜の弟・昭武《あきたけ》をパリに派遣することにした。そして、出品収集の担当を目付《めつけ》、外国方、勘定所《かんじよう》の三者に分け、目付が武器・服飾類、外国方が美術工芸品・虫獣皮類、勘定所が飲食物・草木・金石・陶器・雑貨類を収集し、古器類は江戸の商人に委託して収集することとなった。次に、幕府は百姓町人と各藩に対して出品を募ったが、幕末動乱期に万国博参加を希望するものは少なく、勧誘に応じた者は江戸商人の清水《しみず》卯三郎《うさぶろう》・吉田六左衛門（清水の親類）と、佐賀藩、薩摩藩のみであった（『徳川昭武滞欧記録』二）。

佐賀藩は、ちょうどオランダに軍艦製造を依頼する用向きがあり、万国博に合わせて藩士を派遣することにした。その代表となったのは明治政府で博覧会業務を推進することとなる佐野常民《さのつねたみ》である。一方、薩摩藩は幕府から参加要請される前に、大目付の新納久修《にいろひさのぶ》らが渡欧し、ブリュッセルでフランス人モンブランとの間に貿易商社設立の話を進めており、この時すでにパリ万国博出品についても協議していた。つまり、薩摩藩は幕府の出品要請にうまく合わせて渡仏し、モンブランと再び商談しようとしたのであった。薩摩藩は全権使節として家老・岩下方平《いわしたみちひら》らをパリに派遣した。佐賀藩と薩摩藩は幕府の要請に応えたかたちではあるが、実は軍艦購入や商談のために万国博を利用したのであり、幕府を軽視して藩の政策を遂行したのである（『薩藩海軍史』中。『鹿児島県史』三）。

幕府の統制力はすでに限界に近づいていた。崩壊寸前の幕府は万国博に参加することにより、政権の正統性を世界にアピールし、その維持につとめようとしたのである。アピールは万国博の出品だけではなく、将軍名代の昭武をして、パリに集《つど》った各国の王族や政府首脳と王宮やホテルで積極的に交流させた。つまり、昭武を次期「大君《たいくん》」の有力者として紹介し、ヨーロッパにおける国際世論の趨勢を幕府に有利にしようとしたのである（大庭、一九九七）。幕府、佐賀、薩摩の三者三様の思惑があっての万国博参加であった。

出品収集と出品物

慶応二年（一八六六）五月、幕府の開成所においてフランス人シベリオンと出品に関する打ち合わせが行われ、幕府はシベリオンから出品や展示方法などについて具体的な指示を受けた。たとえば甲冑は人形に着用させ、この人形を馬の模型に乗せて展示するとか、陶器・漆器・銅器は巨大な物を出品する等々、細部にわたって注文された。また、虫類が不足しているとも指摘されたので、幕府は昆虫採集にあたることとなった（『徳川昭武滞欧記録』二）。その命を受けたのは開成所の田中芳男《よしお》であった。田中は明治時代を通して博覧会事業に長く関わっていくことになるが、これがその始まりであった。信州飯田に生まれた田中は、一九歳で名古屋に出て本草学者伊《い》藤圭介《とうけいすけ》の下で学び、文久元年（一八六一）に伊藤が蕃書調所《ばんしょしらべしょ》に出向を命じられると、伊藤に伴って江戸にやってきた。開成所は安政三年（一八五六）に設置された洋学研究・教育機関である蕃書調所の後身である。田中はここで亜麻《あま》やリンゴの栽培試験を行なっており、昆虫については素人であった。それでも捕虫網には魚を掬《すく》う網を代用したり、標本製作の際に虫を留める針にちょうど良いものがなかったので、横浜の仕立屋から太い留金を取り寄せて代用したりと、苦労しながら採集に励んだ。最初は捕ることも刺すことも下手であったが、しだいに慣れ、相模・伊豆・駿河・下総《しもうさ》まで「物産取調御用」として出かけ、虫以外の石や木まで採取してくるようになった。その後、ほかの博覧会出品を手伝っているうちに、ついにフランス行きを命じられることになったのである（『田中芳男君七六展覧会記念誌』）。

さて、幕府の出品物は、武器・図画・漆器・陶器・書籍など、約一〇一四点、清水・吉田の出品は武器・書画・衣服・漆器・陶器類など一一八〇点であった。一方、佐賀藩は陶器を中心に五〇六箱、薩摩藩は琉球産品（上布や砂糖）や陶器など四八〇余箱に及んだ（黒江・一九六二。澤・一九八一。『徳川昭武滞欧記録』二・三。『鹿児島県史』三）。

徳川 VS. 薩摩

田中芳男ら、幕府の先発隊と出品物を乗せたエゾフ号が慶応二年一二月一五日に横浜を発ち、翌三年正月一一日、昭武と三一名の随行者を乗せたアルフェー号が横浜を出帆した。昭武一行は二月二九日にマルセーユに到着し、ここに一週間滞在して動物園や劇場、化学試験所などを見学した。マルセーユ滞在中に昭武一行は良からぬ報告を受けた。それは、薩摩藩が博覧会開会式に琉球国王使節として参列し、会場のブースも琉球国産物陳列場として借り受けているというのである（パリ万国博の開会は二月二七日）。つまり、薩摩藩は独立国として参加していたのである（『渋沢栄一滞仏日記』。『幕末外交談』）。

三月七日、昭武一行がパリに到着すると、同一六日に一行の代表である向山一履《むこうやまかずつぐ》（勘定《かんじよう》奉行格《ぶぎよう》）は、この件について薩摩藩代理人モンブラン伯爵に抗議した。しかし、全く埒《らち》があかないので、翌一七日にフランスにおける日本出品取扱委員長レセップの家で、幕府の田辺太一（外国奉行支配組頭）と薩摩藩の岩下方平、モンブランが会談した。田辺から琉球王国偽称の件について詰問された岩下は、「遠隔のことなのでよくわかりません、とにかくこの一件は主人（島津）からモンブランに委任したことなので、モンブランに聞いてください。私たちはここに座っていても言葉がわからず迷惑です」といって逃れた。会談の結果、薩摩藩のブースに掲げた琉球王国の名を削り、日の丸の旗の下に「薩摩太守の政府」と記すこととなった。田辺はフランス語の「政府（グーヴェルマン）」の意味を、ここでは「地方政庁」という意味で捉え、「薩摩太守の政府」を日本政府の鹿児島支庁として理解した。そこで、田辺は「琉球王国」の名を削ったので最低限のことはできたと考え、会談を終えた。しかし、翌日のフランスの新聞記事は田辺の理解に反するものであった。『フィガロ』などが「幕府はドイツ連邦のプロシアのように、連邦中のやや強大なるものに過ぎない」と報道したのである。田辺は誤りを糺すために新聞社に投書したが黙殺されてしまった（『鹿児島県史』三。『史談会速記録』合本二五）。幕府のパリ万国博参加の最重要目的は支配の正統性を訴えることであった。しかし薩摩藩の行動とフランスの新聞報道により、その正統性は逆に軽視される結果となった。大失敗を犯した田辺は帰国を命ぜられてしまうのである。

さて、田辺との会談で惚《とぼ》けていた岩下は、博覧会場で準備に勤《いそ》しんでいた佐賀藩の佐野常民のところに行き、「わが藩は薩摩兼琉球藩王の特派使と称して、会場内では日章旗と薩摩藩の旗を交差し、万国の面前を利用して徳川氏と同じく日本天皇の下に独立国たることを欧米列強の公衆に示し、国体を明らかにした。佐賀藩も同様に取り計らったらいかがか」と持ちかけた。これに佐野も了承し、肥前《ひぜん》国と標榜して日章旗の下に藩旗を掲げた。さらに岩下は、したり顔で「このように徳川氏の面目を、西洋人・群集の前で潰すことができた。私の任務はこれで終了した。これから帰国して王政復古の運動に尽力する。諸君も私に賛同してほしい」と語ってパリを去っていった。後日、この岩下の振る舞いを聞いた鍋島直正《なべしまなおまさ》（前佐賀藩主）は、機転の利いた企てであると喜んだという（久米・一九二〇）。そもそも岩下は、安政《あんせい》の大獄《たいごく》に憤慨し、水戸藩と連携して井伊直弼《いいなおすけ》を暗殺しようとしたグループの首領であった（『鹿児島県史』三）。これは実現しなかったが、パリの群集の前で幕府に一泡吹かせて積年の恨みを晴らした岩下は、気分壮快に帰国したことであろう。

一方、失敗を犯した田辺は、切腹の命が下るのではないかとビクビクしていた。これを心配した向山と栗本鋤雲が一策を講じ、田辺と箕作麟祥《みつくりりんしょう》（外国奉行支配翻訳御用頭取）を電信技術の伝習のためにスイスに派遣した。向山と栗本は、帰国した田辺が徳川慶喜の前で電信機の実演をすれば、西洋好きの慶喜が罪を軽くするだろうと考えたのである。伝習を終えた田辺は慶応三年一〇月二八日に帰国した。そして「待罪書を出しましたが何の沙汰も無く、直ぐに伏見の敗軍で、江戸に帰られるというので何もかも無茶苦茶になってしまった」と、後年、回想している（『史談会速記録』合本二五。『徳川昭武滞欧記録』一）。幕府は鳥羽・伏見の戦いで官軍に敗れ、慶喜は江戸へ退却した。幕府の時代は終幕を迎えようとしており、田辺の罪はうやむやになったのである。

万国博の開会と大砲展示

慶応三年パリ万国博はセーヌ川沿いのシャン・ド・マルスにおいて開幕した。ここはフランスにおいてはじめて内国博が開催された場所である。会場には楕円形の巨大な展示場が設置された。この展示場の半分を開催国フランスの出品が占め、もう片方の六分の一がイギリス、一六分の一がプロイセン、ベルギー、オーストリア、ロシア、アメリカ、イタリア、オランダ、三二分の一がスイスに割り当てられた。日本は六四分の一の区画を、さらに中国とタイと分け合ったのである（『渋沢栄一滞仏日記』）。

シャン・ド・マルスは「軍神マルスの原」という意味であり、フランス陸軍の練兵場《れんぺいじょう》であった。軍神とは無関係だろうが、この万国博で目立ったのは大砲の展示で、プロイセンのクルップ砲とイギリスのアームストロング砲が会場で競演していたのである（春山・一九六七。石川・一九七〇）。

図5　クルップが出品した巨大砲（*The Illustrated London News*, 1867.8.31）

特に目立ったのはクルップ社の重量一〇〇〇ドポンの巨大鋼鉄砲で、佐野常民も「実に怪物の様である」とメモに残している（コビング・一九九四）。クルップ社はこの巨大砲をひっさげてフランスに大砲の売り込みをかけたが、国内工業力の振興を意図していたフランス政府はこれを断ってしまった。このわずか三年後の普仏《ふふつ》戦争でクルップ砲に痛い目にあわされるとは夢にも思わずに……。

さて、この万国博はイギリスの産業衰退を如実に示すものでもあった。一八五一年のロンドン万国博では、イギリスが大部分の賞をさらったが、パリ万国博ではわずか一二の賞を獲得したに過ぎなかったのである。この原因の一つとしてベッセマー製鋼法の普及の有無が考えられる。一八五六年、イギリスの技術者ヘンリー・ベッセマーが鋼《はがね》の大量生産を可能にする方法を発明し、工業製品における鋼材の使用範囲を大幅に広げた。六二年ロンドン万国博ではベッセマー製鋼法の急速な普及を示す展示が見られ、六七年パリ万国博では前記した大砲はもとより、鋼鉄製の鉄道車両や装甲艦《そうこうかん》などが展示され、鋼の時代の到来を強く印象づけた。しかし、この製鋼法はイギリスよりもほかのヨーロッパ諸国に普及し、イギリスとの技術格差を一挙につめる役割を果たしたのである（中岡・一九七七）。渋沢栄《しぶさわえい》一《いち》も、博覧会場の蒸気機関の中ではアメリカの耕作機械や紡績機械が最もよく、イギリスがこれにつぐという説があると記している（『渋沢栄一滞仏日記』）。一九世紀後半の万国博では、ユーラシア大陸における極西イギリスの衰退が描かれる一方、極東日本が躍起になってその存在感を示す姿が見られていくことになるのである。

日本の評判

フランスの新聞が「博覧会中、珍物の随一」と評したのは、清水卯三郎が設置した茶店であった。檜《ひのき》造で六畳敷に土間を添えて酒などを貯《たくわ》え、座敷では芸者三人が閑雅に座っていた。欧米人はこの様子を見ようと茶屋に群がり、茶屋の売り上げは六万五〇〇〇フランに達した。これは幕府の出品物の売り上げに匹敵する額であった（『渋沢栄一滞仏日記』。『徳川昭武滞欧記録』二）。

田中芳男が収集した昆虫標本は、五六の木箱に収められて展示された。これを見たフランスの昆虫学者モーリス・ジラールは、鱗翅《りんし》類（蝶・蛾）の配列は不体裁なうえに状態が悪いものが多く、剝げたり破れたりしていたが、その他の昆虫は普通の保存状態であると指摘している。この標本の中の鱗翅類はフランス昆虫学会の会員に高額で買い取られ、二年後にその研究成果が出版されるに至った（江崎・一九八四）。

慶応三年五月二九日、パリ万国博の賞牌授与式が行われ、五万二二〇〇人の出品者に対して、一万九五二六名に褒賞（グランプリ、金、銀、銅メダル）が与えられた（鹿島・一九九二）。幕府の受賞数は二四で、内訳はグランプリ一、金一、銀四、銅一八であった。幕府が最高賞のグランプリを受賞し、日比野清作《ひびのせいさく》（外国奉行支配調役）が出品をとりまとめたとの理由で金メダルを受賞した。生島孫太郎《きじままごたろう》（外国奉行支配調役並出役）、田中芳男が出品物整理との理由で、清水卯三郎、吉田二郎（六左衛門代理）が出品物を差し出したとの理由で銀メダルを受賞した。つまり、日本が得た金、銀メダルは出品物の質が評価されて与えられたものではない。銅メダル一八個中、四個は出品の補助人をつとめた者への功労賞で、一個が「博物学」という理由で田中芳男が受賞をした。残る一三個が出品物の品質に対する授与で、馬具・鎧・漆器・銅器・瀬戸物・絹物・紙類などに与えられた。

向山は、グランプリを受賞したのは日本のほか数ヵ国に限られ、「格別御国栄」となったと報告し、渋沢も「御国の物品、評判も至極よろしく」、イギリス、アメリカ、プロイセン同様、最上の「功牌」を受賞し、「一段の御国光、御同慶の至り」であると手紙にしたためている（『徳川昭武滞欧記録』三。『渋沢栄一伝記資料』二）。向山と渋沢の報告を見る限り、日本の出品は好評のように見える。しかし、この六年後の一八七三年のウィーン万国博では、パリ万国博の九倍にあたる二一七点もの褒賞を獲得するのである。本当に日本の出品は好評だったのだろうか。

そこで、幕府と清水・吉田の出品の売れ行き具合を提示したいのであるが、出品売却に関する幕府の記録が完備していないうえ、当時は両とフランの換算レートがないため正確な数値を算出することができない。そこで断片的なデータを集めて試算した結果を判断の材料とする（『徳川昭武滞欧記録』一・三）。これによると幕府の販売額四〇万フランのうち売却できたのは七万フラン、清水・吉田の販売額三四万フランのうち売却できたのは六万フランとなり、両者とも全体の二割程度しか売却できなかったことが判明する。一方、佐賀藩も出品した五〇六箱のうち一〇〇箱しか売却できず（コビング・一九九四）、幕府と清水・吉田と同様に二割の売却率であろう。幕府、清水・吉田、佐賀藩とも、売り上げはかなりの不振であったといって良いであろう。佐賀藩はこの原因を、出品物に占める陶器の割合が多すぎたことと、出品物が日本人向きの製品であったと考えた（池田・一九六九）。おそらく幕府と清水・吉田の売り上げ不振の原因も同様であろう。もっとも、はじめての万国博にヨーロッパ人の嗜好に合わせて出品することは不可能なので、これも致し方ない結果である。

売り上げ不振と残品処理

佐賀藩は売れ残りの四〇〇箱を持ち帰るわけにも行かず、イギリスやオランダで競り売りしたり、ほかの商品と交換するなどしたが、すべてを捌《さば》くことはできなかった。一方、幕府と清水・吉田の売れ残りはフランス商人シベリオンに託してパリで販売されることとなった。幕府がシベリオンに託した品は販売額の五割（二〇万フラン）で、これを会期中の売り上げ二割と合わせると、残り三割の行方が不明となる。この中には日本に持ち帰った品や、昭武が各国を巡歴する際の贈答品に転用された物が含まれていると思われる。たとえば、慶応三年九月、山高信離《やまたかのぶあきら》（作事《さくじ》奉行《ぶぎょう》格御小姓頭取）は、当初フランスに持ち込んだ贈答品が漆器や巻物類ばかりで、これらはヨーロッパでは婦人用の贈答品として扱われており、武官に贈呈しても大切にされないので、刀剣類をお土産とするべきであるとし、出品物の中から太刀四本と脇差五本を贈答品に転用したのである（『徳川昭武滞欧記録』一）。

一方、清水・吉田は、販売額の六割（一二万フラン）を託した。会期中の売り上げ分は二割なので、残りの二割の行方が不明であるが、この分は佐賀藩にならって競り売りをしたのかもしれない（「仏国於テ博覧会ノ節費金不足ノ分御渡方伺」）。

シベリオンは慶応三年に販売を受託され、その翌年に幕府が崩壊してしまったわけであるから大変困惑したことであろう。明治四年（一八七一）に廃藩置県が断行されて明治政府の基盤が確立すると、早速、シベリオンは明治政府に対し、委託品の保管料などの不足額として二〇〇〇〇ポンドを要求したのである。在仏の鮫島《さめしま》尚信《なおのぶ》弁務使はこれを不当として法律家へ相談したり、シベリオンの勘定帳などを調べたりしたが、支払いが延引すれば利子が嵩《かさ》むうえ、裁判沙汰に及ぶと国家の「不体裁」になるという理由から支払に応じることにした。世界にデビューしたばかりの明治政府としては、評判を落とすことは極力避けたかったのである。ちなみに、この時の政府の記録によれば、シベリオンへの委託品のうち売却されたのは幕府分五万六九五六フラン、清水・吉田分が六万一七三〇フランであり、双方とも委託分のわずか三割程度しか売却されていなかったことが判明する。その後、明治六年のウィーン万国博で日本ブームが起きると、「これらの残品もたちまち売却されたという」が、真偽のほどは定かではない（「仏国於テ博覧会ノ節費金不足ノ分御渡方伺」。『澳国博覧会参同記要』）。

パリ万国博の閉会と幕府の崩壊

話を元に戻そう。慶応三年のパリ万国博は、会期延長を望む声が多く、予定より三日延長されて一一月三日に閉会した。参加国は四二、入場者は一五〇〇万人にのぼり、三一三万フランの黒字を出した（鹿島・一九九二）。

昭武一行は慶応三年八月六日から、パリを拠点にヨーロッパ各国の巡歴を開始した。将軍名代として各国元首に謁見することが目的で、スイス、オランダ、ベルギー、イタリア、イギリスなどを巡歴した。一一月九日にはウインザー城でヴィクトリア女王に謁見し、一三日にはクリスタルパレスを見学した。一八五一年ロンドン万国博終了後に解体されたクリスタルパレスは、ロンドン郊外のシデナムに娯楽施設として再建されていたのである。

その後、パリに戻った昭武は留学生活をスタートさせた。パリの週刊紙『イリュストラシオン』（一八六七年四月二七日付）は、留学目的でやってきた昭武に関連して「ヨーロッパはアジアを魅了し始めたらしく、ついにはアジアをヨーロッパと同じものにしてしまうだろう」と予言した。維新を経た明治日本は、この予言通りに西洋化の道を進み、さまざまな西洋文物を模倣していくのである。

西洋で生まれた博覧会も田中芳男や山高信離、佐野常民らの尽力により日本に導入されるのである。日本のパリ万国博参加の意義の一つは、明治時代の博覧会行政を支える人材を育成したことであろう。

さて、徳川昭武は、慶応四年の正月をパリで迎えた。新年早々、幕府から届いた知らせは「御政態御変革」（大政奉還《たいせいほうかん》）というものであった（『渋沢栄一滞仏日記』）。昭武は「日本より悪き新聞有り」と日記に書いている（正月三日）。三月一四日には鳥羽・伏見の戦いにおける幕府軍敗走の知らせが昭武に届き、五月一五日、ついに明治新政府から「王政御一新」を理由とした帰国命令書が届いた（『徳川昭武滞欧記録』一）。昭武は八月三〇日、パリを去った。インド洋をまわって太平洋に達する二ヵ月あまりの航海の間、昭武は何を考えていたのだろうか。一一月一日、船から日本が見えた。その際の昭武の日記は、短く印象的である（『徳川昭武幕末滞欧日記』）。

一一月一日

朝、故国の陸が見える。正午頃、あの薩摩めの岸に沿って進む（傍点筆者）。

一一月二日

朝、四国がかすかに見える。正午、紀州を見る。

一一月三日

朝、白雪に覆われた富士山が見える。夕方五時頃、横浜着。七時、神奈川に上陸。

昭武一行は、一年と一一ヵ月という長い旅を終えて帰国した。しかし、そこにはもはや幕府は存在しなかったのである。

明治初期の博覧会

図6　田中芳男（『田中芳男君七六展覧会記念誌』東京大学総合図書館所蔵）

パリ万国博から帰ってきた田中芳男は、開成所に戻るとマイペースに仕事を進めた。まず、フランスから持ち帰った品々を湯島天神下の箕作麒祥邸の玄関で披露した。これが好評だったのか、同年一二月に田中以外の人の所有品も合わせて仏国帰朝携帯物品展覧会を開いた。出品は地球儀やヒモサボテン、ほろほろ鳥剥製など一九八種であった。幕末の日本に西洋文物が少なかったこともあり、これらの出品物は予想外に珍愛され、その後、各地の博物館などに寄贈された。

田中が帰国したのは慶応三年（一八六七）一〇月で、この月の一四日には京都で徳川慶喜が大政奉還上表を朝廷に提出し、一二月には王政復古の大号令が発せられるという激動期であったが、田中は江戸で展示会を開いていたのである。このころの様子を、田中は次のように懐古している（『田中芳男君七六展覧会記念誌』）。

（前略）慶応四年の戊辰は即ち明治元年と改まった年で、世の中はなかなか喧《かまびす》しかったけれども、自分は引受けた仕事をしておればよいので、やはり物産所に関係した殖産興業の事を考究したり、植物の栽培をやったりして、一向に世間の事に携わらなかった。その年五月、上野で戦争が始まった。その時なども外に出れば危険であるというので、教授先生とともに物見で見ておった様なことであった。上野の戦争も済んでここに江戸の様子も一変しました。私は六月十八日に官命を以て開成所の御用掛《ごようがかり》になりました。開成所もそのまま新政府で継続してやることになりましたから、我々職員も開成所掛となりました。

田中は激動の明治維新を物見台から眺めていたようなものであった。ところが、その後、明治政府が重要政策の一つとして博覧会を採用すると、田中は博覧会行政の中心人物となり、政府主催の博覧会や海外で開催される万国博の事務官や審査官に任命され、幕末の貴重な万国博体験に裏付けられた実力を遺憾なく発揮するようになる。田中は明治時代を通して博覧会のエキスパートとして活躍していくのである。

日本はじめての博覧会

田中芳男は明治政府の開成所につとめた後、大阪の舎密局《せいみきょく》の設置に尽力し、明治三年（一八七〇）九月に東京に戻り、大学南校《なんこう》（開《かい》成所《せいじょ》の後身）の物産局へ出勤することとなった。物産局は局員を各地に派遣して物産を調査・収集しており（和田・一九二五）、これらの収集品や開成所から引き継がれた物品などを合わせて、明治四年五月に博覧会を開催することとなった。これは田中の上司である大《だい》学大丞《がくだいじょう》の町田久成《まちだひさなり》らが企画したもので、博覧会の開催により博物館の必要性を訴えようとしたのである（関・二〇〇五）。町田は幕末に薩摩藩がイギリスに派遣した留学生の監督官として渡欧し、その際にパリ万国博も視察しており、博覧会や博物館の重要性を認識し

明治四年の物産会

ていたのである。

町田らが企画した博覧会の開催主旨は、世界の産物を一場に収集して、その名称を正し、有用性を討論し、知見を広めることで、殖産興業というよりは知識拡充に力点が置かれた。しかし、その博覧会は実現せず、代わりに物産会が開催された（『東京国立博物館百年史』資料編）。物産会に変更された理由は不明であるが、博覧会の開催許可がおりたのは二月末日で、ここから出品を募集しても五月までに「博覧会」という名を標榜するほどの出品物が集まらなかったということが考えられる。また、当時は「博覧会」という言葉は一般に理解されていなかったので江戸時代からなじみのある「物産会」という名称にしたのかもしれない。

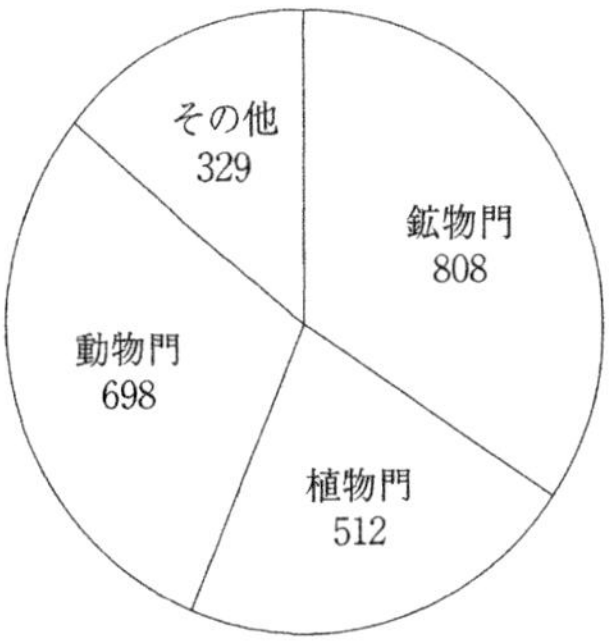

図7　明治4年物産会出品種数

物産会の出品物は、鉱物門（化石・土石・鉱石）八〇八、植物門（オーストリア産草木・木・草・種子果実・海藻など）五一二、動物門（活獣・剥製・獣骨並画図・鳥・魚・介・虫・爬《は》虫類《ちゅうるい》・植虫）六九八、測量究理器械一三、内外医科器械二二、陶器一三〇、古物八二、雑八二の合計二三四七種であった（図

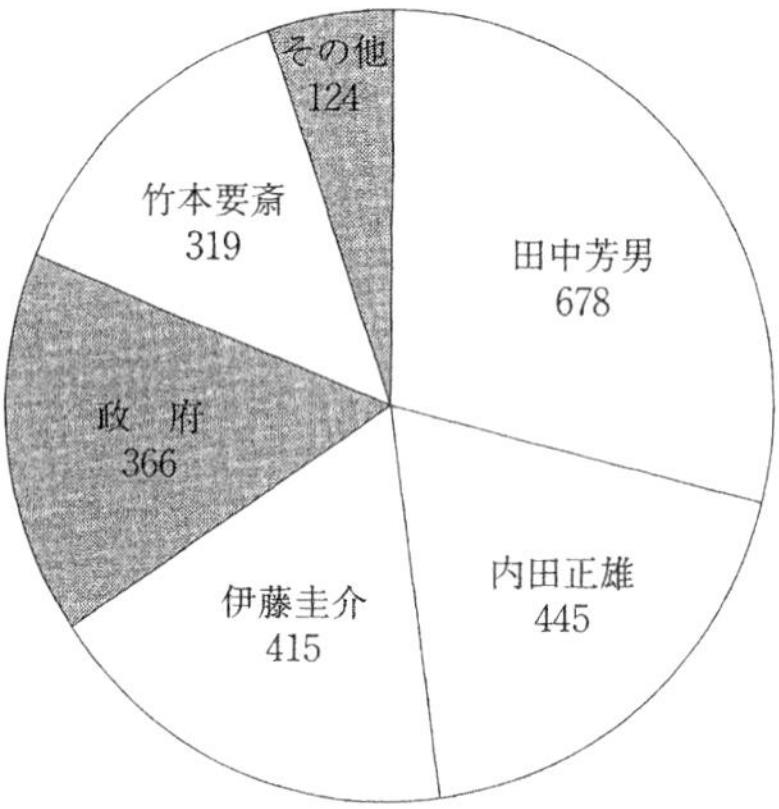

図8　明治4年物産会出品者・出品数

7）。このように鉱物、植物、動物の三部門の出品が圧倒しており、物産会という名前が示す通り、日本国内の天産物を集めた会であった。出品者は政府出品を除くと三九人であったが、図8の通り、全出品二三四七種のおよそ八割にあたる一八五七種が田中芳男・内田正雄（大学権大丞。元軍艦頭。オランダ留学の経験があり、世界地理書の『輿地誌略《よちしりゃく》』の著者）・伊藤圭介《いとうけいすけ》・竹本要斎《たけもとようさい》（元外国奉行）の四人で占められており、田中の出品だけで全体の三割を占めた。竹本要斎を除けば主催者である大学南校の人間である。つまり物産会は主催者のコレクションを中心に営まれた会であり、この点からも江戸時代の薬品会などに近い性格をもっているといえよう。

物産会は東京九段の招魂社《しょうこんしゃ》（現・靖国《やすくに》神社）の祭礼に合わせて開催されたおかげもあり、かなり盛況であった。江戸社会を記録し続けた町名主《まちなぬし》の斎藤月岑《さいとうげつしん》は、「〇同十四日より二十日迄、九段坂上御薬園の跡に、南校物産局より西洋、その外の物産を飾り、諸人に看《み》せ

ら る。終日群集ある事夥《おびただ》し。○同十五日より、招魂社祭礼御執行、同所前にて夜花火、十六日夜、同十七日には昼夜の花火あり」と記している（『〈増訂〉武江年表』二）。西洋の物産としては、政府がマイクロスコープや太陽系旋転模型・模造眼球などを展示したが、その数は少なかった（『東京国立博物館百年史』資料編）。しかし、見る人には国産品より舶来品の方が強い印象を与えたのであろう。

この物産会には後の博覧会と類似した点がある。まず第一に出品者に褒状が授与されたことである。ただし、この褒賞は産業奨励を意図したものでなく、出品感謝状のようなものであった。第二は招魂社の祭礼に合わせて開催されたことである。これは国家の祝祭などと抱き合わせて開催される博覧会の特徴と共通しているのである。

明治四年の京都博覧会

明治四年七月、廃藩置県が断行されると大学南校は文部省に吸収され、町田久成は文部大丞となった。町田は今度は文部省の主催で博覧会を開催する計画を進めていたが、なかなか実現に至らなかった。そうこうしている間に、一〇月一〇日から一ヵ月間、京都の三井高福《みついたかよし》らが主催して西本願寺で博覧会が開催された。日本最初の博覧会である。当時の京都では東京遷都後の沈滞ムードを盛り返すことが緊急課題となっており、その一方策として福沢諭吉の『西洋事情《せいようじじょう》』の一章にあった博覧会が採用されることになった（『京都博覧協会史』）。日本最初の博覧会はいわば復興博覧会であった。

この博覧会の出品物は地域別に分けられ、日本一六六、西洋三九、中国一三一、合計三三六点の出品があり、入場者は一万一六五五人であった（丸山・一九八六）。日本・中国部では短刀や甲冑《かっちゅう》などの武器類、古銭・書画骨董などが陳列され、西洋部では外貨、地図・書籍、連発銃や蒸気精米機、ランプが陳列された（『博覧会目録』）。この博覧会は、丹羽圭介（明治時代の京都博覧会開催に尽力）が、「全く古物ばかり、新しいものと言えば鹿の孕《はら》み子だとか両頭の蛇だとか、未だ博覧会という名に相応しなかった」と語っているように、骨董品・珍品展覧会の枠を出るものではなかった。しかし、この年から京都では、毎年、博覧会が開催されるようになった。後年、丹羽はこれらの博覧会が京都甦生《そせい》に貢献したと語っている（『京都博覧協会史』）。

明治五年の文部省博覧会

京都に先を越された文部省であったが、明治五年三月に東京の湯島で博覧会を開催することになった。この開催を後押ししたのは明治六年に開催されるウィーン万国博で、明治四年にオーストリアから出品要請を受けた政府は、翌五年正月に澳《オーストリア》国博覧会事務局を設置して出品収集にとりかかった。文部省の博覧会はウィーン万国博のために日本各地から収集した品物をお披露目するという会も兼ねていたのである。

文部省の博覧会は物産会と同様に知見拡大を目的とし、古器旧物の展示に重点を置いた。博覧会は三月五日から官員の入場を許可し、一〇日から一般の入場を許したが、たちまち人気となり、『横浜毎日新聞』（三月一七日付）は「朝から夕まで、拝見人が引きもきらず群蟻《ぐんぎ》のようである、東京一般の噂に当春の大当りは、第一博覧会、第二上野の花見、続いて三丁目の助六勧進帳《すけろくかんじんちょう》の芝居である、開帳はいずれも不景気の様子」と、博覧会が東京第一の見世物となったと報じている。

展示の目玉として出品されたのは、名古屋藩が政府に献上して宮内省に納められていた名古屋城の金のシャチホコであった。博覧会を見物した菊池武夫（後に著名な法律家となる）が、父に宛てた手紙に「御覧に入れたいのは、尾張《おわり》の金のシャチホコや委奴国王《わのなのこくおう》の印と申す金無垢《きんむく》の印、千鳥の香炉、昔の黄金通用、金玉類で、その他、目を驚かせる古物や、私共が知らないものも沢山あります」と記している（『中央大学史資料集』四）。このほかにも御物《ぎょぶつ》として小野道風の書や、笛・琴などの古楽器、硯《すずり》箱・料紙《りょうし》箱などの古美術品が出品され、元福岡藩主の黒田長溥《くろだながひろ》出品の「漢委奴国王」金印とともに、この博覧会の人気の的となった。

「明治五年博覧会目録草稿」によれば、出品は六一七種、出品者は政府出品を除いて約一五〇名であった（『東京国立博物館百年史』資料編）。明治四年の物産会は田中芳男ら四名の出品が全体の八割を占めたように、個人のコレクションを中心とした展示会であった。一方、明治五年の博覧会では、最も多く出品した者でも二五種程度で、物産会で大量に出品した内田正雄は二種、伊藤圭介は一一種しか出品せず、田中と竹本の出品は皆無であった。出品物は化石や剝製なども展示されたが、それよりも古鏡・古硯・絵巻物などの古器旧物が多かった。明治四年の物産会と比べると出品内容と出品者構成は一変したのである。

それでは古器旧物に展示の重点が置かれた理由は何であろうか。まず、第一に江戸時代からすでに骨董品などの展示会が存在しており、これと連続したものとも考えられる。第二に天産物を中心に展示した物産会との重複をさけるため、博覧会では古器旧物を中心に展示したとも考えられる。第三に、当時、政府が推進していた古器旧物の保全運動が明治五年の博覧会に与えた影響が大きかったのではないかと考えられる。明治維新後、廃仏毀《はいぶつき》釈《しゃく》の嵐が吹き荒れたことは周知の事実であるが、この嵐は貴重な仏教美術品を破壊していった。明治四年五月、古器旧物が時勢の変遷や制度・風俗の沿革を考証するうえで貴重なものであることを認めた太政官は、その保全を布告した。この保全運動の中心人物が町田久成であった。第四に、政府がウィーン万国博に日本の優れた美術工芸品を展示して日本の評判を高めようと計画しており、このため古美術品が多く収集されて、湯島の博覧会で披露されたとも考えられるのである。

文部省の博覧会はあまりの人気の高さに二度会期を延長して四月三〇日に閉会した。総入場者数は一九万五〇〇〇人にのぼった。この博覧会は江戸時代の薬品会のような個人コレクションに頼った展示から抜け出すことができたという意味では、画期的な博覧会であった。

ウィーン万国博覧会――「自主の精神」の発見

ウィーン万国博への招致

オーストリア政府は、明治六年（一八七三）五月一日から六ヵ月間、皇帝フランツ・ヨーゼフ一世の治世二五周年を記念し、ウィーンにおいて万国博を開催することを決定した。明治四年二月五日、オーストリア公使ヘンリー・ガリッチは外務卿沢宣嘉《さわのぶよし》に対し、万国博への参加を勧誘したが、沢は内政が未整備であるとの理由で不参加の方針を伝えた。同年七月に廃藩置県《はいはんちけん》が断行されて中央集権体制の基礎が確立されると、一一月、政府は条約改正の予備交渉と文物視察のために岩倉使節団を欧米に派遣することにした。この機を捉えたガリッチは、同月二七日に外務卿副島種臣《そえじまたねおみ》らに対し、岩倉使節団は莫大なコストがかかるが、万国博は世界各国の産品が一堂に会するので、短時間、低コストで西洋文物の視察ができると訴え、再度万国博への参加を勧誘した。ガリッチは、極東の未知の国・日本を万国博のステージにあげることで、展示の目玉にしようと考えたのであろう。この時、政府は参加する方針に転換しており、ガリッチの提案を了承した。

翌明治五年正月、政府はウィーン万国博への参加を布告して博覧会事務局を設置し、博覧会掛総裁として参議大隈重信《おおくましげのぶ》、副総裁に工部大丞《こうぶだいじょう》佐野常民《さのつねたみ》を任命した。五月、佐野は博覧会の参加目的を次のように掲げた（『澳国博覧会参同記要』）。

① 優品を陳列し、海外で国の栄誉をあげる。
② 各国の出品物、風土・物産・学芸を詳細に調査するとともに機械技術を伝習する。
③ 万国博参加を機に、博物館設置、博覧会開催の基礎を整える。
④ 優品を出品して好評を得て、輸出増進をめざす。
⑤ 各国の有名物産やその価格、需要を調査

図9　佐野常民

する。

ウィーン万国博は、誕生して間もない帝国日本を国際社会に知らしめる大きなチャンスであった。徳川幕府から政権を奪い取ったばかりの明治政府は、万国博において支配の正統性をアピールするとともに、優品を陳列して国の評判を上げげようとした。さらに、近代化を推進して文明国に列するため、各国の文物を調査しようとしたのである。

出品収集と展示

総裁、副総裁に次いで、町田久成《まちだひさなり》、田中芳男、山高信離《やまたかのぶあきら》らが、慶応三年（一八六七年）パリ万国博の経験を買われて博覧会御用掛に任命され、出品収集が始まった。博覧会事務局は、東京で古道具商や職人から新旧の漆器などを収集し、京都（織物・陶器）や愛知（磁器・七宝焼）、滋賀（水口細工《みなくちざいく》）、兵庫（有馬竹細工）などの優良工芸品の産地に局員を派遣して収集につとめ、または職人を呼び寄せて出品を奨励するなどした。この際、特に留意されたのがヨーロッパ向けの製品を収集することであった。佐野は慶応三年のパリ万国博に持ち込んだ品物の二割しか売れなかったという苦い経験を持っており、この原因を陶器などのデザインがヨーロッパ人の嗜好に合わなかったためと考えていた。そこで博覧会事務局は清水焼《きよみずやき》を素焼きのまま東京に送らせ、博覧会事務局付属の磁器製作所で絵画風の絵付けを行なった。これは従来の清水焼の絵柄は模様風でヨーロッパ人の好みにあわなかったと考えたからである。また、織物については織幅をヨーロッパ人向けに広くするために二尺三寸（約七〇チセン）とするように指示したのである（角山・二〇〇〇）。

明治六年一月、佐野、お雇い外国人ワグネル、田中・山高ら総勢七二名を乗せた船が横浜を出航した。その夜から風が強くなり、船酔いしなかったのは田中ら二名だけであったという（天ヶ瀬・一九八六）。

ウィーン万国博の会場には壮大な本館が建設され、オーストリアの出品が本館の四分の一を占め、イギリス、フランス、ドイツがそれぞれ八分の一を占めた。イギリスやフランスは、カナダやアルジェリアなどの植民地展示を行い、国威をアピールするとともに植民地の豊かな産物を売り込もうとした。ドイツは展示スペースが足りず、さらに五ヵ所の展示室を造営するほどであった（『墺国博覧会筆記』上）。なかでもクルップ社は別館を設置して大砲や鉄を展示し、日本語版の目録も備えた。日本の展示スペースは、慶応三年パリ万国博と同様に、中国・タイとともに本館内に与えられた。

佐野一行は明治六年三月にウィーンに到着した。佐野は毎朝早くから展示会場に出て陣頭指揮にあたり、田中芳男らもワグネルの指導の下、職工とともに展示にあたった。図10

図10　ウィーン万国博における日本展示室略図

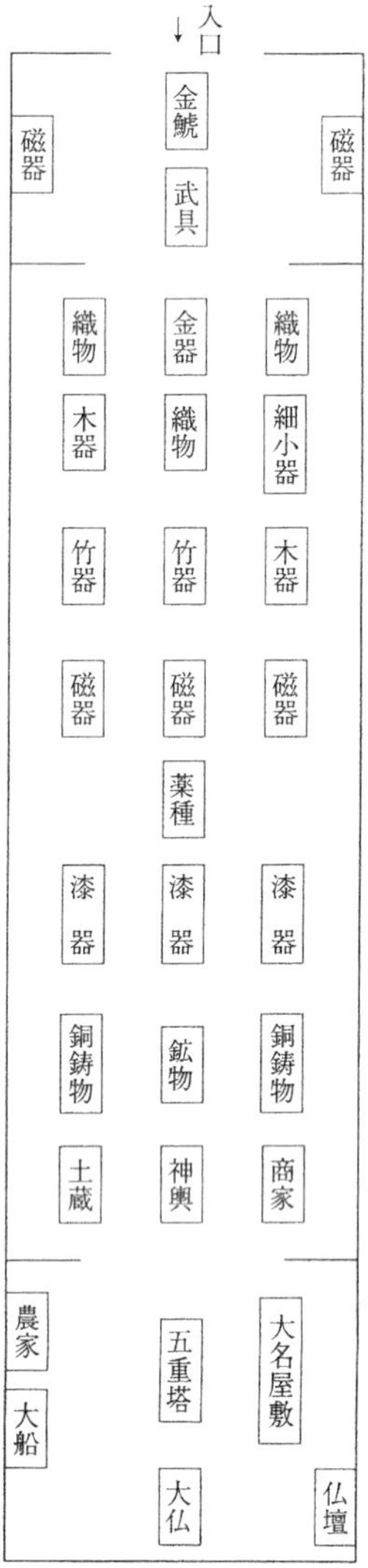

に博覧会場の日本展示室の概略を示した。日本展示室は長方形で前・中・後室の三室構造となっており、入口（図上）には人目を引きつけるため、明治五年の文部省の博覧会で大評判となった名古屋城のシャチホコ（金鯱）が据えられた。図11は入口から日本展示室を覗いた光景である。左側のやや奥にそのシャチホコが見える。右端の大きな有田焼の大花瓶の高さは一八五チセンもあった。エキゾチックな巨大物を展示し、入場者の目を奪って前室内に誘い込もうという算段である。この手法はお雇い外国人シーボルトの助言による。彼は、ヨーロッパでは珍しい東洋風俗の展示が必然的に注目されるので、さらに巨大な物品を展示して、注目の度合いを高めようと考えたのである。

次に中室に入ると、そこは日本のメイン展示室で、織物、竹細工、磁器、漆器、銅器などの工芸品が展示された。奥に進むと商家や御輿《みこし》、土蔵の模型があり、後室に入ると、そこは日本風景の再現空間であった。五重塔や大仏模型が据えられ、両脇には大名屋敷や農家、大船の模型が展示されたのである。大仏模型は展示作業中に火が付き一部が焼けてしまったため頭部のみの展示となった。また、図10では省略したが展示室の側面には磁器などの工芸品がずらりと並べられた。日本の出品物は、生糸《きいと》・鉱物・動植物を除いては、ほとんどが工芸品で占められていた。欧米に対して機械などの先端技術では勝負できない日本は、美術工芸品を陳列することにより、評判をあげようとしたのである。このほかにも会場内に日本庭園を特設して神社を建築し、その前に池を掘って小さな橋をかけてミニ日本を演出した。

図11　ウィーン万国博・日本列品所入口内部の図（『澳国博覧会参同記要』）

万国博は五月一日に開幕した。日本の出品物は概ね好評で、佐野は大隈に宛て「ちまたの評価や新聞紙などでも日本の評判は非常に良く、国の栄誉を得る端緒」となったと伝え、ワグネルも「諸新聞紙、あるいは才幹のある人から多くの称誉をえることができた。庭園には神社と家亭を設置し、観客が群集しない日はない、（中略）ヨーロッパ人の心を刺激したことは、実に日本の栄誉である」と報告した。さらに平山成信《なりのぶ》（通訳主任）も、日本の出品物の評判は高く、過半は売れてしまい、売れ残り品は店を開いて売りさばき、また各国の博物館も日本品を買い入れたり譲渡を希望したので、持ち帰った出品物は特別品以外はほとんどなかったと記している（『大隈重信関係文書』二。『G・ワグネル維新産業建設論策集成』。『昨夢録』。『澳国博覧会参同記要』）。

日本出品の評判

ウィーン万国博の褒賞は慶応三年パリ万国博のように等級化（グランプリ・金・銀・銅）されず、優良出品物には一律に同種のメダルが与えられた。表2には褒賞数二一位までの国名を記した。開催国オーストリアとドイツの受賞が他を圧倒している。表では省略したがイギリスは積極的に出品しなかったのか一一五六点で七位である。日本は受賞数二一七点でオランダ、ルーマニアに次ぐ一八位で、パリ万国博の二四という受賞数と比較しても、この万国博における日本出品の評価の高さがわかる。日本出品の中で受賞数が多かった分野は、衣服・織物の部で五二点、ついで木具・竹細工の部と細小品の部が二三点であった。日本出品の評価の高さを実感した佐野であったが、ウィーン万国博事務総裁のシュワルツ男爵からしばしば忠告を受けたことも『澳国博覧会報告書』に記している。その忠告とは、西洋人が日本の品を称賛するのは、そこに固有の風致があるからで、今回、観客が日本出品の中で西洋品をまねしているものを顧みなかったのが、その証である、ということであった。

また、ウィーンの美術史家ヤーコプ・ファルケは次のように述べた（パンツァー・一九九〇）。

早くも日本は、現代文化国家の一員に加えられている。（中略）われわれは華やかに刺繡をほどこした衣装をまとい、腰に刀をさした小男たちが、たちまちフロックコートとシルクハットを身につけた社交界の紳士に変身したのを目にしている。そしていま、かれらは、ヨーロッパの文明とヨーロッパの工業が創りだしたもの

表2　国別受賞数

	国名	賞数
1	オーストリア	5991
2	ドイツ	5066
3	フランス	3142
4	イタリア	1908
5	ハンガリー	1604
～	～	～
16	オランダ	284
17	ルーマニア	238
18	日本	217
19	ブラジル	202
20	ギリシア	183
21	中国	118

をかき集め、お手本として故国に送っている。（中略）われわれは、まもなく、異様ではあっても、魅力に富んだ、独創的な作品ではなくて、われわれの仕事の乱暴なコピーにお目にかかることとなるだろう。

西洋文明によって日本の魅力的で独創的な美がこわされていくことへの警鐘を鳴らしたのは日本人ではなかった。ウィーンの識者たちは西洋化を始動させた日本が、西洋の劣悪なコピーとなることに危機感を抱いたのであるが、その危機は、すぐに現実となるのであった。

ウィーン万国博の成果

ウィーン万国博は一一月一日に半年の会期を終えて閉幕した。入場者は一〇〇〇万人と見込まれていたが、開会直後の株の大暴落、六月から流行したコレラ、開会と同時にウィーンのレストランやホテルが値上げしたことなどがからみ、七二五万人に達せず、多額の赤字を出す結果となった（西川・二〇〇六。春山・一九六七）。オーストリアにとっては儲からなかった博覧会であったが、日本にとっては大きな成果を得た博覧会となった。その成果の一つは技術伝習である。佐野常民がウィーン渡航者の中から二四名を選び、ワグネルの協力を得てヨーロッパ各地に派遣し、技術を伝習させたのである。伝習された分野は、養蚕《ようさん》、山林、園芸、活字・硝子《ガラス》・鉛筆製法、測量器製造、時計製造、造船、製糸、染法、セメント製法、製陶、製紙、眼鏡製法、木器革類塗法、巻煙草製法、建築、石版・画術・地図製法、工作画学、蒸餅（パン）製法、写真など、多岐にわたっており、あらゆる西洋技術を伝習しようという佐野の意欲が感じられる（『澳国博覧会報告書』。加藤・一九八六）。

佐野は何事にも熱心であったが、技術伝習には特に熱心で、こんなエピソードが残っている。万国博の会場外には外国人が経営する日本茶屋が設置されていたが、経営が行き詰まり、給仕係として働いていた三人の日本人女性が困り果てて日本公使館に逃げ込むという事件がおこった。この話を聞いた佐野は、女性たちを日本に送還するまでの時間がもったいないと、手袋をつくる稽古をさせたのである（『昨夢録』）。

さて、佐野は帰国後、技術伝習は「ヨーロッパの種子を国内に持ち込み、これを蒔いて、わずかにその芽を発したに過ぎない。さらにこれを培い、養い、百方保護しなければ、美しい花が咲き、良い実を結ぶことは難しい」と述べた。それでは、花は咲き、実を結んだのであろうか。ここでは次の五人の伝習生について帰国後の動向を見ていこう（『澳国博覧会参同記要』）。

①佐々木《ささき》長淳《ながのぶ》（工部省勧工寮七等出仕）　オーストリア、イタリア、スイスで養蚕・製糸、

屑糸紡績を学んで帰国。その後、内藤新宿試験場で蚕室、桑園を新設して各県から関係者を呼び、技術を比較講究した。明治一〇年には佐々木の尽力により群馬県に蒸気力と水力を動力とする屑糸紡績所が創設された。

②津田仙《つだせん》（事務局御雇）オランダ人の園芸家ダニエル・ホーイブレンに指導を受け、帰国。その知識をもとに『農業之事』を出版した。明治九年には学農社農学校を設立し、『農業雑誌』を発行して農学の普及につとめた。津田塾の創始者、津田梅子の父である。

③藤島常興《ふじしまつねおき》（勧工寮一五等出仕）ウィーンで測量器などを伝習し、帰国後、内務省・工部省で測量器製造に励み、この成果を第一回内国博に出品し龍紋賞（一等賞）を受賞した。翌一一年には東京に測量器・理学器の製作所を開設し、一六年にはこれを藤島製器学校と改称し、その技術の普及につとめた。藤島は第一～三回内国博の審査官もつとめた（中川・一九七九）。

④納富介次郎《のうとみかいじろう》（博覧会事務局一二等出仕）・河原忠次郎（陶工）オーストリアの陶器製造所で、陶画、製陶・製磁技術を伝習した。帰国後、内務省において全国の陶磁器産地から生徒を募り、製陶・製磁技術を伝授した。また、両者とも第一回内国博に磁器などを出品し、納富は龍紋賞、河原は鳳紋賞（二等賞）を受賞した。納富はその後、河原を工長

として江戸川製陶所を設置し、製陶・製磁の改良につとめた。

⑤朝倉松五郎《あさくらまつごろう》（玉工）　ウィーンの眼鏡製造所に入り技術を習得した朝倉は、帰国後まもなく他界してしまうが、その技術は家族に受け継がれ、第一回内国博では、松五郎の妻サヨが顕微鏡と眼鏡を出品し鳳紋賞を、松五郎の弟子、藤井金太郎が顕微鏡を出品して花紋賞（三等賞）を受賞した。その後も技術は息子の亀太郎に引き継がれ、第二回、第三回内国博においても賞を受けるなど、眼鏡製造技術の向上につとめた。

以上、伝習した技術が帰国後も確実に伝えられていることが判明する。ただ、まだ改良段階の技術が多いので、花が咲き実を結んだというよりは、伝習技術が日本で発芽し、成長している段階といえるであろう。

膨大な報告書

膨大なウィーン万国博報告書を編纂したことも万国博の大きな成果の一つである。報告書は表3に示した通り、一六部に整理されて政府に提出された。調査されたヨーロッパの制度は多岐にわたっており、博覧会の報告書というよりはヨーロッパ視察報告書といった方がよさそうである。ここでは3博物館部の中に掲載され、後の博覧会事業に影響を与えた「東京大博物館建設の報告書」を見てみよう。佐野とワグネルは、ヨーロッパ各地の博物館を巡視し、それらの規則類を調査分析して本報告書

表3　澳国博覧会報告書構成

1	議院	9	兵制
2	礼法	10	博覧会
3	博物館	11	鉄路
4	農業	12	貿易
5	道路	13	風俗
6	山林	14	制度
7	蚕業	15	教法
8	教育	16	国勢
その他	独逸国開化戦記 国勢学論 工業伝播報告書 航海造船報告書 澳国博覧会布告文		

を作成した。前半は博物館、後半は博覧会について述べられている。

前半では、博物館の主旨は「眼目の教え」により人智・産業を開進させるところにあるとし、ヨーロッパ各国では争って博物館を建設していると述べた。日本の博物館のお手本とするのはイギリスのケンジントン博物館と周辺の智学・芸術学校で、佐野は、この〈博物館―智学・芸術学校体制〉を模倣して、日本で〈大博物館―「術業伝習場」体制〉を構築しようとした。大博物館とは「眼目の教え」を授ける場で、農業・樹林、工芸・機械、芸術、教育、万有（地学・動植物学）、史伝の六部門から構成され、「術業伝習場」は、芸術、工業の伝習場であった。つまり、展示施設と実習施設を併置して産業発展に貢献させようとしたのである。さらに、博物館の周囲を公園にして博覧会を開くことを提案した。公園には動植物園を開き、そこに遊ぶ者を博物館に誘引し、知らず知らずのうちに「眼目の教え」を授けようとしたのである。また、将来的には博物館・術業伝習場の支館・支場を各地に設置し、そこで小博覧会を開催するという構想であった。

後半では、まず、博覧会とは「国家富殖の源、人物開明の基」であり、博物館を拡充して一時的に施行するものであるとした。そして博覧会の利点として以下の一〇項目を掲げた。①博覧会の開催が決定すると出品希望者が奮起し、利益を得ようとして技術を磨く、②天下の産物を居ながらにしてみることができる、③未知の物品とその利用法を知ることができる、④国内外の物品を比較し、これを改良に活かすことができる、⑤各国の土壌の肥瘦《ひそう》や物産の異同・多寡を知ることができる、⑥各国の風俗や開化の優劣を観察できる、⑦外国人が機械を出品すれば、日本において機械技術を開く端緒となる、⑧外国人が日本の産物を交換、購買する、⑨輸出が増進する、⑩博覧会の出品から適当なものを選び、博物本館、支館に納めることができる。そして、明治一三年に上野で国際博覧会を開催すべきであると提言した。

佐野の構想する博物館とは、古美術品を展示・保存する施設ではなく、産業奨励機関なのであった。

国光と教訓

ウィーン万国博参加の重要目的は、国の評判をあげる＝国光を耀《かがや》かすことであった。平山成信によれば、当時のヨーロッパ人は、「日本を支那の属国くらいに考えており、日本人を見れば、小声で支那人支那人といい合ったくらい」であった（『昨夢録』）。日本は万国博において国光を耀かす前に、日本という独立国家を認識させることから始めなければならなかった。

会期中、日本の展示室や庭園、売店はかなりの人気があり、売店で販売した扇子《せんす》や団扇《うちわ》は一週間で数千本を売り尽くした。これに反して開催国オーストリアの売れ行きは芳しくなく、ウィーンの雑誌に「われわれウィーンっ子が、カラスのように木にとまって、素晴らしい文明の歌を唄っているすきに、日本からやってきたキツネは木の下でお金をごっそり集めてくさる」と風刺される始末であった（パンツァー・一九九〇）。褒賞受賞数（表2）を見ても日本は一八位であり、かなり健闘したと見て良いであろう。特に中国（二一位）より上位に位置したということは、独立国日本をアピールするうえで有効であったと思われる。

ウィーン万国博に赴いた一級事務官の近藤真琴は、出品目録の編集や写真係として忙しく働いていた。ある日、近藤が会場を歩いていると、染め物のように精巧な花鳥の縫箔《ぬいはく》（刺繡と摺箔《すりはく》を併用して布地に模様をあらわすこと）をみつけ、西洋人はこのようなものまで機械を用いるのかと感心した。その後、スイスの展示場に行くと、この縫箔がたくさん展示されており、「四十ばかりの婆さま」二人が展示の番をしている間に、素早い手作業で縫箔をしていたのである。このことに感心した近藤は、次の五項を教訓として導き出した。①おのれの勉強を主とし精良の器械はその次である、②少しの暇もかりそめにしない、③熟練の功は天性の器用にまさる、④西洋人は種々の器械を用いるが、手先の仕事も粗漏にしない、⑤スイス人は、列品の番人に仕事の空き時間を利用して産物をつくり出させるなど抜け目がない（『近藤真琴資料集』）。

工業化に邁進する近代日本においては機械技術ばかりが着目されるが、近藤は、大切なのは自主の精神、熟練、時間の効率的運用であり、手作業もまた重要であることに気づかされたのである。

明治四年一一月に日本を出発した岩倉使節団は、アメリカを回ってヨーロッパにわたり、明治六年三月、ドイツに到着し、鉄血宰相ビスマルクの招宴にあずかることとなった。ここでビスマルクは「現在、世界各国は、親睦礼儀をもって交際しているが、これは表面的なもので裏面では強国が弱国を凌ぎ、大国が小国を侮るというのが実情である」と熱弁をふるい、使節団に感銘を与えた。六月に使節団はオーストリアを訪問し、万国博を見学した。すると、ベルギーやスイスなどの小国の出品が、決して大国に劣っていない光景を目撃したのである。これに感動した使節団は、この秘密は国民の「自主の精神」の優劣に関わると理解し、博覧会において繰り広げられている競争は「太平の戦争」であり、開明の世において最も必要なことであると痛感した（『特命全権大使米欧回覧実記』三・五）。万国博において小国が大国に対抗している現実は、使節団に勇気を与えたことであろう。

近藤真琴と岩倉使節団が、自主の精神の重要性を認識したことも、ウィーン万国博で得た大きな成果である。

さて、佐野以下、ウィーン万国博のために派遣された七二名は、約一年間、一丸となって博覧会業務に精を出した。この間、各人の間では有意義な交流があったことはいうまでもない。近藤真琴は、明治六年五月二七日に、日本の家族に宛てた手紙に次のように記している（『近藤真琴資料集』）。

田中芳男君はこれまで何度も述べてきたように本草の名家で、富みて驕《おご》らず知りて誇らず、日夜勉強、時を惜しみ、万事綿密、よく細事に心を用い、労してしかも徳とせず、君子の人であり、（中略）不徳な小生が、このような賢友と常に一緒にいて見聞するということは大変利益のあることと思われる。

佐野が会場でシュワルツ男爵から忠告を受けたことを前記したが、博覧会はさまざまな人々が互いに知識を交換する場であった。これは他国の人たちとの交流だけではなく、同国の人々の間にもあてはまることであった。この人的交流が後の近代日本の建設に有効に機能したことは想像に難くない。明治一八年になり、ウィーン万国博参加のために渡航した者たちが当時を懐かしみ、毎年、親睦会を開催するようになったことを付記しておこう。

フィラデルフィア万国博覧会――産業オーケストラ

ウィーン万国博の出品に尽力した田中芳男は、明治七年（一八七四）三月に帰国した。一年と二ヵ月、日本を留守にしただけであったが、田中は、「世は太陽暦を用いることとなり、また刀も廃止され、頭も散髪となって世態はかなり変わっていました」と語っている（『田中芳男君七六展覧会記念誌』）。近代日本は目まぐるしい早さで変貌していた。帰国した田中を待っていたのはフィラデルフィア万国博の準備であった。

アメリカの復興と博覧会

この万国博は、明治九年五月一〇日から一一月一〇日までの半年間、アメリカのペンシルバニア州において独立一〇〇年を記念して開催された。南北戦争（一八六一～六五年）

が終結して平和を取り戻したアメリカは、急速な経済発展を実現していくが、フィラデルフィア万国博は、まさにこの時期に開催され、アメリカの工業力を誇示する大規模な博覧会となった。参加国は三八ヵ国にのぼり、入場者は一〇〇〇万人を突破した。広大な会場内は小さな蒸気機関車で巡覧できるようになっていた。主要なパビリオンとして本館・記念館（美術品）・機械館・農業館・園芸館が建てられ、そのほか、アメリカ各州の展示館や各国の展示館など、数多くの小パビリオンが建設された（畑・一九九八）。これらの展示について、ドイツの博覧会委員としてフィラデルフィアに派遣された工学者のフランツ・ルーローは、「いわば巨大なフーガのようなもので、それぞれのパートが主旋律を新たに歌い出している。しかし各パートにそれぞれの特徴があり、それはほかの音型と絡み合い織り重なって、最後には途方もなく大きな産業オーケストラが主題を最後まで奏でている」と

図12　本館内の日本展示場入口

述べた。つまり、ルーローは、会場内にはたくさんのパビリオンが建設されているが、本館と各パビリオンの展示が有機的に結合し、一つの主題を強調していると捉え、その様子をオーケストラが演奏するフーガにたとえたのである。ルーローは慶応三年（一八六七）パリ万国博、明治六年ウィーン万国博においても審査委員をつとめたが、「博覧会がこうした全体的印象に到達したことはこれまで一度もなかった」とフィラデルフィア万国博を絶賛した（*Briefe aus Philadelphia*）。

フィラデルフィア万国博のパビリオン構成は、翌年の日本で開催された第一回内国博においても模倣されるのである。

日本の参加と評判

明治政府は、博覧会事務局の総裁に大久保利通《おおくぼとしみち》、副総裁に西郷従道《さいごうつぐみち》、事務局長に文部省四等出仕町田久成《まちだひさなり》（七年一二月～八年五月まで。後任は河瀬秀治《ひではる》）、その他御用掛に田中芳男、山高信離《やまたかのぶあきら》ら万国博参加経験者を任命した。ウィーン万国博の委員が佐賀藩・旧幕臣系であったのに対し、こちらは薩摩藩・旧幕臣系である。

明治政府は博覧会場に日本の家屋を建設するなど、積極的に参加した。特にウィーン万国博で好評を博した美術工芸品を中心に出品し、海外からの賞賛を得ようとした。もちろん、ウィーン万国博と同等のものを出品したのでは進歩がないので、出品者たちにウィーン万国博後の改良の成果を見せるように要求したのである。

フィラデルフィア万国博の出品物は①鉱業・冶金《やきん》術、②製造物、③教育・智学、④美術、⑤機械、⑥農業、⑦園芸に分類された。日本の総出品数は一九六六点で、この中では②製造物への出品が一〇六七点と半数を占め、このうち大半は陶磁器であった。③美術への出品も三二七点と多く、このうち一八四点は彫像術（銅器、象牙彫刻品）であった（関根・二〇〇二）。販売が好調だったものは、東京銅器・金沢銅器・高岡銅器・佐渡銅器・真葛《まくず》陶器・九谷《くたに》陶器・有田陶器・淡路陶器・美濃陶器・大阪堆黒《ついこく》漆器であった。褒賞も銅器・陶器類を中心に一四〇点獲得した。日本の博覧会事務局は、各国の人々や審査官から好評を得て一四〇もの賞牌を受けたことから、「会場に国光を発揚したのは、虚輝ではない」と報告した（『米国博覧会報告書日本出品目録』第二）。また、ニューヨークの新聞は、本館の展示において進歩が著しく卓越しているのは日本の出品であると評し、特に銅器は精巧絶妙で、陶器や漆器においても、かつてこのような精品は見たことがない、とまで報じた。優良工芸品をもって「日本」を宣伝して国光を耀かせようとした明治政府の目論見は一応成功したようである（『米国博覧会事務誌略』附録）。

明治九年九月二八日の朝、この万国博を観覧するためにボストンから夜行列車でやってきた青年がいた。アーネスト・フランシスコ・フェノロサである。彼はこの二年後に大森貝塚の発見で有名なモースの紹介で来日し、日本の美術界に大きな足跡を残すことになる。この時のフェノロサはハーバード大学大学院を修了してマサチューセッツ美術師範学校で学んでいた。博覧会場についたフェノロサは、まず汽車に乗って会場を一周し、大混雑の中、園芸館や本館を観覧した。そして翌二九日、本館の日本展示を見て「驚異の宝庫だ」と感嘆し、一〇月二日に再び日本展示を見て、次のように記した（『アーネスト・F・フェノロサ文書集成』上）。

（前略）日本、すばらしい展示、鉱産物、科学の展示。何千枚もの郵便切手。見事な教育部門。（中略）見事な家具、金蒔絵螺鈿《きんまきえらでん》等屏風等、木彫家具、水晶からくり抜いた完璧な球体、最大直径七インチ、陶磁器・青銅器は本館随一、花瓶、家、塔、装飾品、何でもある。

この万国博の日本の美術品がフェノロサを魅了し、彼を日本に引き付ける大きな要因となったのである。

コーリスの蒸気機関

フィラデルフィア万国博の目玉展示は数々の最新機械であった。この中でもジョージ・コーリスが出品した巨大な蒸気機関が特に目立っていた。この機関の高さは一二メートルもあり、四階建てのビルの高さに匹敵した。また蒸気力によって毎分三六回転するフライホイール（図13右奥の巨大な車輪のようなもの）の直径は九メートル、重量は五六トンもあったが、女性が羽根扇をふるうがごとく静かに回転した。この静粛な運転によりつくり出された動力は機械館の諸器械に供給され、そちらの方が、ガンガンガタガタと騒がしかったのである（スクラントン・二〇〇四）。

図13　コーリスの蒸気機関（McCabe, James Dabney. *The illustrated history of the Centennial exhibition*, National publishing commpany, 1876）

　明治五年の文部省博覧会を見学した菊池武夫は、この時、アメリカに留学しており、もちろんフィラデルフィア万国博も見学した。機械館に入った菊池は、印刷機・織機・ミシンなどを見て、あらゆる工程の機械化に感心している。さらに「蒸気船車の機械やら、木金石を切る機械、金掘機械、道具類、ポンプその他の水道具、いずれも廻り絶え間なき、その源はコーリスの、一千四百馬力ある、蒸気仕掛の大機械、これはこのためわざわざに、造り立たるものぞかし」と驚き、一方で日本の展示には、「思いもよらぬ島人の、細工手際に赤面す」と日記に残している（『中央大学史資料集』六）。アメリカの工業力を顕示した万国博の中で、手工品を並べている日本が恥ずかしくてしょうがなかったのである。圧倒的な機械文明空間に身を置いた菊池は、万国博で見せつけられた「知恵と意気地を、早く日本人にも持たせたい」と焦燥感を募らせているが、おそらく明治国家の指導者たちもこれと同様の焦燥感を持っていたであろう。

ルーローの焦燥

フィラデルフィア万国博の展示を見て憂国の情に駆られたのは菊池だけではなかった。ルーローもドイツ製品の未熟さを恥じ、フィラデルフィアに滞在した三ヵ月間にドイツ製品の実態を報告書に書き連ねて順次ドイツに送付した。その報告書は全一〇本となった。最初の報告書でルーローは、「ドイツはこのフィラデルフィアの博覧会において大きな敗北を喫した」と断言し、敗因として次の三点を掲げた（加来・一九八五）。

① ドイツの工業には「安かろう、悪かろう」という原則が貫かれている。
② 工業および造形の技術において、ドイツは偏った愛国的な主題しか知らない。
③ 工芸におけるセンスの欠如、技術的な問題における進歩の欠如。

図14　クルップ砲の展示（Linda P. Gross and Theresa R. Snyder, *Philadelphia's 1876 Centennial Exhibition*, Charleston, 2005）

②についてルーローは、美術展示では陶器や石版画などに大軍を成して行進するゲルマニア女神、ビスマルク、モルトケらが描かれ、機械展示では、その八分の七が「キリング・マシーン」と呼ばれるクルップの巨大砲のために供されており、ほかの国民の平和的な作品の間で、これがどれほど威嚇的であったか、と述べている。実際にドイツの機械展示の中でクルップに割り当てられたスペースは四分の一であったが（諸田・一八七〇）、砲身八メートル、五七・五トンという大砲などを七門も設置した展示は、ルーローの目にはかなり威圧的に映ったのであろう。ルー

ローの報告書はドイツで大きな反響を呼び、幅広い論評を巻き起こした。その結果、ドイツの産業助成協会では新特許法の制定とその普及などに尽力し、製品改善につとめていくのである（宮下・二〇〇七）。

慶応三年のパリ万国博からクルップ社の展示は目立っており、その製鋼技術は注目の的でもあった。強国がひしめくヨーロッパの中で、のし上がろうとするドイツの展示に、強烈な愛国心が表出してしまうことは致し方ないことであるが、ルーローはこれを嫌った。万国博では表面的ではあるが、あくまでも「平和」が好まれるのである。また、急激な工業化を進める過程では粗製濫造が起こりやすく、ドイツも例外ではなかった。それら粗悪品を世界各国の展示と比較したルーローは、すぐさま母国の産業界に対して強く是正を求めたのである。

それぞれの万国博

世界各地から人とモノが集まる万国博において、集まったモノに対する感じ方は人それぞれであった。アメリカ人フェノロサは日本美術に感嘆し、日本人菊池はアメリカ機械技術に驚嘆して母国展示に赤面し、ドイツ人ルーローは母国展示に落胆した。博覧会は自国と他国の出品を比較考究する場であった。フェノロサが賞賛した日本の美術品は菊池武夫から見れば「島人の細工」であり、ルーローが威嚇展示として批判したクルップ社の大砲は世界からは高く評価されており、日本には到底製造できない代物であった。明治六年、そして九年と二度の万国博参加を通じて、世界を知った「島人」日本は、国内において本格的に博覧会事業に乗り出すことになるのである。

さて、一〇月四日、精力的に博覧会場をめぐったフェノロサはついに帰途につくこととなった。彼にとって、フィラデルフィアの日々は誠に充実していたようである。フェノロサは日記に次のように残している。

　ことは終わり、特に美術の知識において量り知れないものを得た。まるでお伽話のようだ。過ぎゆく時に人はほとんど気がつかない。夢でありながら熱情的に無意識な生命の脈動。一週間で見た世界。この地球はもう無限の平面ではなく、私の掌中の球である。火星上の建国千周年記念博覧会まで、ほんの一歩に過ぎない。世界は思想であり、思想は太陽まで届くことができる。
（中略）機関車は不気味にしゅうしゅう音を立て、連接ロープががたがた鳴る。さらば、フィラデルフィア、次の百年祭まで！

内国勧業博覧会の誕生

図15　高村光雲（『光雲懐古談』）

明治一〇年（一八七七）の東京。幸吉は、来る日も来る日も浅草の師匠の家に通い、木彫の修業に打ち込んでいた。

四月のある日、師匠のもとへ役人がやってきた。このたび博覧会が開かれるので、そこへ出品してくれというのである。しかしながら、師匠は博覧会というものが、どういうものかまるでわからなかった。師匠だけでない、幸吉も、そして当時の一般の人々も、博覧会がいったい全体何なのか、さっぱりわからなかったのである。

そこで役人に対して「どんなものを出せばよいか」と聞くと、役人は「彫刻師なら、従来、制作しているものと同じものでよい」という。それではというので、師匠は、白衣《びゃくえ》観音を制作することに決め、幸吉に対して「これはお前が引きうけてやってくれ、他の彫刻師たちも出品することであろうから、一生懸命やってくれ」といった。制作を託された幸吉は、師匠の言葉もあるので、腕限りやるつもりでとりかかったのであった。

高村幸吉、仏師としての名は光雲、二五歳の春であった（『幕末維新懐古談』）。

この博覧会とは、明治一〇年八月に上野で開催された第一回内国勧業博覧会（以下、内国博と略記）である。明治四年に京都で、翌年には東京で博覧会が開催されたが、当時の人々には「博覧会」という存在は、まだまだ知られていなかったのである。

明治政府は西洋諸国に対抗するため、産業を増進して国力を増強しようとした。その政策の一つとして採用されたのが内国博であった。明治一〇年の第一回内国博は政府としてもはじめての本格的な産業奨励博覧会なので、まずはその体裁を整えて、「博覧会というものは、こういうものですよ」と、世間に知らしめることが重要であった。当初の内国博は珍しかったこともあり、博覧会というだけで人々が集まってきた。しかし、人間は飽きっぽい動物である。明治三六年まで五回の内国博が開かれ、その規模も回毎に拡大されて入場者も増加した。しかし、観客たちは、図体だけ大きくなった内国博に対し、あまり面白みを感じることができないようになり、飽きていくのである。しかし、政府はなかなか内国博の体裁や構造を変えようとしなかった。政府は博覧会とは産業奨励会であり、見世物ではないと考えていたからである。

内国博は見世物ではない

内国博開催前の博覧会

明治七年（一八七四）一一月二四日付『読売新聞』には、次のような記事が見られる。

信濃国殿野入村《とののいり》の木村某という人の家で、ある日、怪しい獣をとらえたという、それは面《かお》の形が猫に似て猿のようでもあり、尾の形《な》りは箒のようで、体の毛の色は茶のところもあり、黒いところもあり、大きさはおよそ猫ぐらいで、真に奇《めずら》しい獣ゆえ、近々博覧会へ出すという。

明治初期の日本では一般の人々にとって博覧会と珍品の見世物は同じものであった。この新聞記事と同じ年の七月、殖産興業を推進しようとする内務省では「勧業博覧会」

の準備が進められていた。明治六年一一月に設立された内務省は、翌七年一月に一等寮(最重要部局)として警保寮と勧業寮を設置した。同年、大久保利通《おおくぼとしみち》内務卿は「殖産興業に関する建議」を提出し、政府が勧業政策を主導していく方針を明言した(『大久保利通文書』五)。この時、政府内で博覧会業務を担当していたのは文部省であったが、その博覧会は知見を広めることを目的とした古器旧物展覧会であった。内務省がめざした博覧会は産業奨励会であり、文部省や各地で開かれている珍品・骨董展覧会との差別化をはかり、「勧業」という文字を付した博覧会を構想したのである。そして、ウィーン万国博の佐野の報告書や、フィラデルフィア万国博の規則類を参考に「勧業博覧会」の実現に向けた準備を進めていたのである。

大久保内務省の意図

明治四年から六年にわたる岩倉使節団の欧米巡回の旅に参加した大久保は、強国イギリスの富を目の当たりにした。黒煙を天まであげる工場、そこから生産される品々は国外に輸出されて外貨を獲得していた。工場はまさに富の源泉であった。しかもこの源泉はイギリスの大都市の至るところに存在し、富の基を湧出させていたのである。この光景から、輸入超過・産業衰退に悩む日本を救うヒントを得た大久保は、帰国後、政変、反乱、外交に忙殺されながらも、新町紡績所などの工場建設に尽力し、富の源泉を建設していった。しかし、大久保は、いくら工場のような箱モノばかりを建設しても、実際に生産に関わる人々の意識を改革しなければ、国内産業を増進して輸入超過を打開することはできないと考えた。そこで国民に「自主の精神」を注入すべく、産業振興政策の切り札として内務省で暖められてきた「勧業博覧会」の名称に「内国」という文字を冠して開催することにしたのである（『大久保利通文書』四・七）。

それでは、「内国」という文字は、どのような意味があって付されたのであろうか。明治初期の日本には万国博を開催するほどの莫大な経費を準備する国力はないが、数ヵ国程度であれば招致できる力は持っていた。それでも「内国」に限定した理由としては、①国内に目を向けて産業を奨励すること、②幕末に諸外国と締結した不平等条約との関連で内国に限定された、という二点が考えられる。②の不平等条約とは安政の五ヵ国条約である。この条約には外国人の開港場・開市場以外での商業活動を禁止していたため、博覧会場の上野で外国人が見本を展示して売買契約を結ぶことはできなかった。さらに本条約が定める領事裁判権（治外法権）の存在は、日本人と外国人との間に争いごとが生じた場合、裁判が日本側に不利に決着するのは明らかで、外国人を招いた博覧会の開催を困難にするものであった。すなわち、「内国」には、積極的に内国に限定した事情と、限定せざるをえなかった事情が混在していたのである。

中央集権と出品収集

博覧会の主役は出品物である。出品物が揃わなければ博覧会として機能しないからである。ところが第一回内国博の開催前、博覧会はあまりにも無名であったため、政府の仕事は生産者たちに博覧会とはどのようなものか説明することから始めなければならなかった。高村光雲《たかむらこううん》は次のように語っている（『幕末維新懐古談』）。

（前略）政府の方からは掛かりの人たちが勧誘に出て、諸商店、工人などの家々へ行って、博覧会というものの趣意などを説き、また出品の順序手続きといったようなものを詳しく世話をして、分らんことは面倒を厭わず、説明もすれば勧誘もするという風に、なかなか世話を焼いて廻ったものであった。

しかしながら、一般の人々は「博覧会開催で、出品勧誘を受けても、どうも面倒臭いようで、困ったものだという有様」であった。博覧会が商品の宣伝場となることを知らない人々にとって出品勧誘は迷惑以外の何ものでもなかったのである。これらの人々を説得するため、府県では町村の代表者から出品勧誘係を選んで勧誘にあたらせた。第一回内国博の出品物は、出品者が自発的に出品したというよりも、これらの係が村々を巡回し、珍品奇物ではなく、殖産興業上、有益な品をかき集めてきたといった方が良いのかもしれない。

このように内務省や府県は出品者の啓発につとめるほか、出品者に費用を貸与したり、自費出品人助成法を設けて、自費により出品した者に対して内国博終了後に入場券や出品目録の売上金の一部を還元することにした。実際、内国博終了後、自費出品人の経費の一〇％程度が還元されたようである。通常、博覧会入場料は博覧会経費をまかなう貴重な収入であるが、大久保は出品物を揃えて博覧会としての体裁を整えることを優先したのである。また、出品物の運送を担う会社も運送費や出品者の乗車賃などの割引を行い政府に協力した。この結果、北は北海道開拓使から南は琉球藩まで全国から一万四四五五点という、政府の予想を上回る数の出品物が収集された。

出品収集活動は、政府の出品収集の通達が国↓府県↓町村へと下っていき、これに応じて出品物が町村↓府県↓国へとのぼっていく過程である。明治初の国家イベントである内国博は、中央集権体制を構築してきた政府にとって、この体制が実際に機能するかどうかの一大実験でもあった。実験結果はほぼ成功したといえよう。なぜ「ほぼ」なのかといえば、鹿児島県のみ出品がなかったからである。明治一〇年一月に西南戦争が勃発し、内国博の開会式当日も九州では官軍と西郷軍が交戦中であり、これが出品収集を阻害したので

図16　内国勧業博覧会の開場式「内国勧業博覧会開場御式の図」
（楊州橋本直義，明治10年，神奈川県立歴史博物館所蔵）

ある。

内国博の開会

第一回内国博の開会式は明治一〇年八月二一日に行われた。上野に到着した天皇は、親王および大臣・参議らの奉迎を受け、各国公使に挨拶をすると式場に入り、玉座に着いた。図16は開会式の様子を描いた錦絵である。レンガ造の美術館の前に設置された玉座で、天皇が開会の勅語を発し、これに対して大久保内務卿が祝詞を述べているところである。和装の皇后と侍女を除けば描かれた人々はすべて洋装である。レンガ館と洋服といった洋モノにくるまれた開会式の光景は、西洋化を先導する政府から国民に発せられた強いメッセージでもあった。大久保の右奥は三条《さんじょう》実美《さねとみ》太政大臣、そして官員が並び、玉座の左後方には皇族、図左下には各国公使が控えているが、この光景は、まるで天皇が諸官を率いて国威を四方に宣布するという、明治元年の五ヶ条の御誓文と国威宣揚の宸翰《しんかん》の主旨を再現しているかのようである。

さて、大久保が祝詞冒頭で「陛下、叡聖至徳の治、深く民産興隆を慮《おもんぱか》り、ここに内国勧業博覧会を開く」と述べたように、内国博を開いたのは天皇である（『大久保利通文書』八）。つまり、博覧会の開閉を司るのは天皇の役割であった。したがって博覧会場では天長節《ちょうせつ》、神嘗祭《かんなめさい》、新嘗祭《にいなめさい》など、天皇に関する行事の際には奏楽が催され、祝意が盛り上げられた。博覧会は国内外を問わず、強い祝祭性を帯びていた。ウィーン万国博は皇帝の治世二五周年記念、フィラデルフィア万国博はアメリカ独立一〇〇年記念として開催されたように、博覧会は国家や王の誕生祭と融合する場合が多かった。これは博覧会が国家や王による統治を確認し、その正統性を訴える場として利用されたからである。しかし、いかめしい「統治の正当性」は祝祭というオブラートにくるまれ、知らず知らずに博覧会に集う人々の内面にしみこんでいくのである。

さて、開会式当日の上野は、各地から集まってきた人々で立錐の余地もないほど混雑した。内務省はこれらの入場者のために『内国勧業博覧会場案内』を発行し、博覧会においては出品物を比較することが大事であり、比較によりモノの精粗を見分け、得失を判断し、価格の高低を考慮するように促した。次に博覧会とは「戯玩《なぐさみ》の場を設けて游覧《ものみ》の具《どうぐ》」

にしたのではないと、博覧会が遊戯場ではないことを強調し、その娯楽性を否定した。さらに巻末では博覧会場近辺の有益な施設として、教育博物館・赤羽工作所などの官営施設のほか、ガス製造所・造船所・レンガ製造所などの民間施設を紹介し、その観覧を勧めた。たとえば鹿島紡績所では、日曜・祝日を除く毎日午前九時から午後四時まで、手数料五厘を徴収してガイドをつけて工場を案内した。政府は勧業にふさわしい施設を公開することにより、内国博との相乗効果をねらったのである。

ガラ紡と女工

博覧会の主役である出品物について見ていこう。出品物はフィラデルフィア万国博の分類法を模倣して、①工業・冶金、②製造物、③美術、④機械、⑤農業、⑥園芸の六区に分けられ、東本館、西本館、機械館、園芸館、農業館、美術館の各パビリオンに府県別に陳列された（『内国勧業博覧会場案内』）。万国博における国家間競争は内国博では府県間競争に置き換えられたのである。また、北は北海道から南は琉球までの展示は、そのまま日本という国家領域をあらわしており、入場者に対して自分が属する国家を地理的に認識させ、日本国民としての自覚を促すものでもあった。後年、日清戦争で台湾を獲得すると、その後の第五回内国博では、早速、台湾展示が実行され、

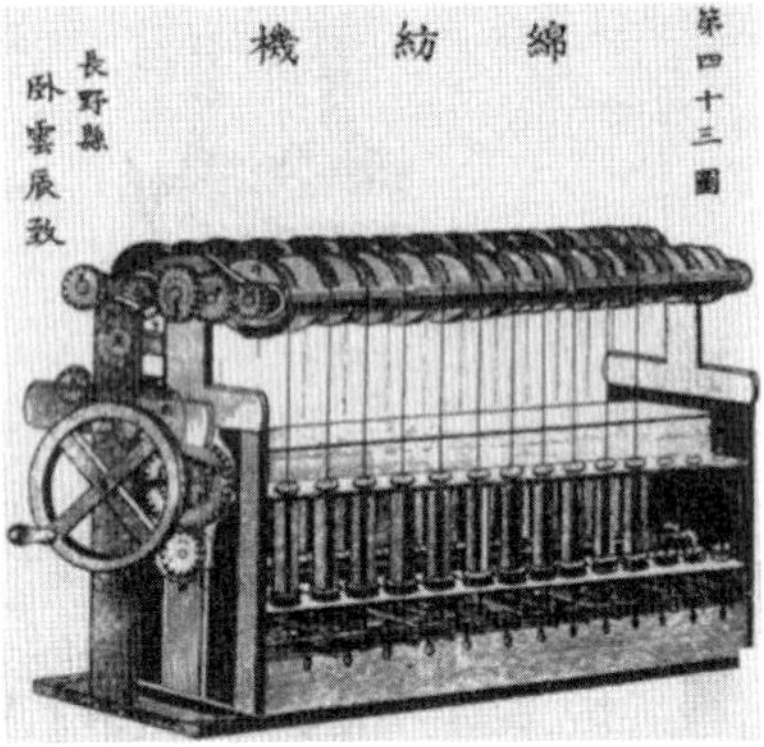

図17　臥雲辰致のガラ紡（『内国勧業博覧会出品解説』第四区機械図式）

領土拡張が誇示された。内国博は国民に国家領域を認知させる場としても活用されたのである。この意味においても内国博は近代国家運営において便利な道具であったといえよう。

出品物の中で特に注目されたのが④機械である。産業の機械化は近代化の象徴だからである。しかし、その機械の部の出品はわずか二一一点（総出品数の一・五％）であった。この少ない出品の中で第一の発明と評されたのは、臥雲辰致《がうんときむね》が出品したガラ紡である（図17）。機械下部の横一列に並べられたブリキの円筒の中に棉《わた》が入れられ、そこから糸が撚《よ》りをかけられながら取り出され、機械上部の円盤状の糸巻にかけられた。そして図17左のハンドルを回すと、糸巻が回転して糸が巻き取られる仕組みとなっていた。ガラ紡は、従来の手紡より生産効率が高いうえ、構造簡単、製作容易、しかも安価なため、博覧会場で数十機が売約された（『内国勧業博覧会出品報告書』）。その後、ガラ紡は三河地方を中心に普及したが、臥雲の暮らしは一向に楽にならなかった。当時の日本には発明者を守る特許制度がなかったからである。

内国博に足繁くかよってスケッチに励む外国人がいた。海中生物研究のためにアメリカからやってきたモースである。生物学者というより大森貝塚の発見者として有名であろう。会場で出品物をつぶさに観察したモースは日記に「維新から、まだ僅かな年数しか経ていないので、博覧会を見て歩いた私は、日本人がつい先頃まで輸入していた品物を、製造しつつある進歩に驚いた」と記している。そのモースが興味をもったのは、内務省勧農局の女工が繭《まゆ》から糸を繰る実演であり、これをフィラデルフィア万国博に出したら、「和装をした、しとやかな娘達は、どんなにか人目を引いたことであろう」と記している（『日本その日その日』一）。モースが製糸機械と娘たちのどちらに興味を示したのか定かではないが、この実演が第一回内国博のアトラクションとなったことは確かである。

明治二一年に刊行された『旧弊開化口論会』という書物がある。旧弊組と開化党が口論会を開くという設定で、架空の団体や人物を登場させて明治初期の社会を風刺した。ここで第一回内国博も題材となり、旧弊組の樋土井久平（ひどい旧弊）が「開化の見世物小屋博覧会並博物館」という題目で演説をした。図18はその挿絵である。画題は「旧幕人、博覧会を見て笑ひをる図」で、下部には旧幕人の会話が「マア、大きな見世物小や（屋）じゃナ、

図18　旧幕人，博覧会を見て笑ひをる図
（『旧弊開化口論会』）

アハ、、、」と記されている。チョンマゲの人（旧幕人）が会場の外から内国博を見て、大きな見世物小屋が開かれたと勘違いしている光景である。しかし、これが明治初期の一般的な博覧会観だったことは前述した。挿図では旧幕人を批判しているようであるが、本文では軽薄な開化人を批判する。久平は、勧農局の製糸機械の実演について、次のようにこき下ろしていくのである。紅白粉《べにおしろい》をつけた田舎娘を働かせて見物客の足を留めるのは、麦湯の店開きや開けていない地方の盆踊りと同じで、見物客は器械よりも女の顔ばかり見て、「こりやァ奇妙だ不思議だ」などと感心する振りをして現《うつつ》をぬかし、「家業に骨を折るのは感心な事だ」とは表向きの誉め言葉で、内証の色気根性をごまかす者が多いものだ。

見物客が製糸器械の周りに集まった動機についてはさておくとして、西洋技術を披露する女工という華やかなデモンストレーターは、そのまま見世物となってしまった。内務省は博覧会＝見世物という見方を真っ向から否定しようとしており、勧農局による製糸器械の実演は、もちろんまじめな意図によるものであったが、ことは政府の思惑通りには進まなかったのである。

博覧会の運営と褒賞

はじめての内国博の運営は山あり谷あり、困難の連続であった。明治一〇年一月に勃発した西南戦争は鹿児島県からの出品を阻止し、九月から爆発的に流行を始めたコレラは入場者数を減少させ、一〇月一一日の暴風雨は会場を破壊して一日ではあるが閉場に追い込んだ。ヨーロッパでは戦争・伝染病・風雨が博覧会を妨害する三悪と呼ばれていたが、第一回内国博は、この三悪すべてに遭遇してしまったのである。しかしながら、九月に西南戦争が終結し、一一月にコレラの流行も終息にむかい入場者も回復し、同月二〇日に賞牌授与式を迎えた。賞牌は、龍紋（一等）、鳳紋（二等）、花紋（三等）、褒状が用意され、龍紋賞の中から特に優れている者には名誉の章が与えられることとなった。

高村光雲が制作し、師匠の東雲《とううん》の名で出品した白衣《びやくえ》観音《かんのん》は、めでたく龍紋賞を受賞した。授与式の翌日、光雲が浅草の師匠のもとで仕事をしていると、表通りを「読売」（瓦《かわら》版《ばん》などの記事を読みながら売り歩く者）が、「当所、蔵前にて、高村東雲の作、白衣観音が

表4　第1回内国博名誉賞受賞者

区	出品者(府県)	出品
1	後藤象二郎(長崎)	石炭
2	秦蔵六(京都)	摸古銅器
	香蘭社(長崎)	磁器
3	菊池容斎(東京)	前賢故実の図
	銅器会社(石川)	彫嵌銅器
	西村荘一郎(島根)	木象嵌製器

勧業博覧会において龍紋賞を得たり」と大声で読み上げ始めた。東雲の隣家の道具商も医療器械を出品して鳳紋賞を受けたので、「読売」は一町内から二人も受賞したのは名誉なことだと、町内を行きつ戻りつ読み歩いたのである。受賞は名誉であるということが授与式翌日にマスコミによって世間に認知されていった。褒賞には出品者の功労に対する賞賛と、さらなる技術発展を奨励するねらいがあったが、出品物に政府のお墨付き＝信用を与えることにもなり、商品価値が上昇して販売を促進する効果があった。高村光雲も「師匠の家の仕事も、博覧会の影響なども多少あって、注文も絶えず後から後からとあるという風で、まず繁昌の方であった」と語っている。

名誉賞の受賞者を表4に示した。第一区の鉱業・冶金《やきん》からは後藤象二郎《ごとうしょうじろう》が受賞した。後藤は明治七年に政府から払い下げを受けた高島炭鉱の石炭塊、炭鉱模型などを出品したもので、授賞理由は、新式機械を使用して産出が多く、品質良好ということであった。次に、第二区製造物からは古銅器を模造してその技量を評価された秦蔵六《はたぞうろく》、「精錬巧熟」と評価された香蘭社《こうらんしゃ》、第三区美術からは菊池容斎《きくちようさい》の水彩画、ほか二名は銅器、木象嵌《もくぞうがん》の出品であった。近代技術を駆使した出品として評価されたのは後藤の出品のみで、残りは美術工芸品であった。ウィーン、フィラデルフィア両万国博で奨励された出品も陶磁器・漆器・銅器といった美術工芸品であり、その名残りが第一回内国博にも見えるようである。美術工芸品は国の評判をあげ、かつ外貨獲得手段としても重要なアイテムだが、工業化を進める政府としては、期待外れの寂しい結果に終わったといえよう。まだ機械技術は導入されたばかりであり、その成果は内国博にはあらわれなかったのである。

明治維新と内国博

一一月三〇日、明治天皇が臨場し、閉場の典をあげた。第一回内国博は会期一〇二日、出品者一万六一七四人、出品点数一万四四五五点、入場者四五万四一六八人であった。西南戦争やコレラに悩まされたことを考えれば、まずまずの成績といえるであろう。高村光雲は次のように語っている。

十年の博覧会も目出たく閉会になりましたが、最初博覧会というものが何のことであるか一切分らなかった市民一般も、これで、まず博覧会のどんなものかを知りましたと同時に、また出品人の中でも、訳が分らなくなって、面倒がったり、困ったりしたものも、大きに了解を得、「なるほど、博覧会というものは、好い具合のものだ」

など大いに讃辞を呈するというような結果を生じました。

第一回内国博は、出品者に好意的に受け入れられ、その存在は国民に認識されたようである。彼らは博覧会が商品の宣伝場であることや、全国から集められた出品物を比較検討し、改良方法を探り出すための会であることを、おぼろげながらではあるが理解したのではないだろうか。

この全国の産物を一堂に集めるというイベントは明治の世となってはじめて可能となったことである。『朝野新聞《ちょうやしんぶん》』（一一月三〇日付）は博覧会閉会式の日、次のような記事を掲載した。

我が国における十年前の工芸技術の状況を回顧せよ。六十余州は大小二百六十の大名に分割統治され、このため有益な天産物があっても、好材としての功用を十分に世上にあらわすことができず、無双の技術者がいても、良工である名誉を存分に全国に発揚することができなかった。

江戸時代にはそもそも全国の物品を一ヵ所に集めることは非常に難しいことであった。幕府は物産や人物が藩と藩の間を行き来することを統制しており、このため有能な人材や有益な資源の多くが地方に埋没する結果となっていたのである。明治維新は、この藩と藩を遮る壁を取り去り、人とモノの自由な往来を可能にしたのである。

内国博の定期化

大久保と地方博構想

第一回内国博の終了後、大久保利通《おおくぼとしみち》は博覧会事業の継続と発展を企図し、まず、内国博を四年に一回開催することとした。次に日本全国を五つの地域に分け、各地域内で二年に一回、府県の輪番制による地方勧業博覧会(以下、地方博と略記)の開催を提案した。内国博まで足を運べない人々に配慮し、遠隔地へ内国博の精神を浸透させようとしたのである。地方博は地域毎で行われるため、出品運送賃や出品者の旅費などが少額で抑えられ、出品者の負担が少ないというメリットがあった。

大久保は図19のように地方博・内国博・万国博という三つの博覧会を構想し、これらが互いに連関して産業奨励に貢献していくと考えていたと思われる。たとえば紡績機械のように産業奨励に必要なモノは内務省が万国博などで購入し、それを内国博で展示し、さらに地方博に貸し出されるといった具合に、殖産興業の精神を日本各地に浸透させていくのである。また、このルートとは逆に、地方博で賞を受けた優品が内国博に持ち込まれ、さらに篩《ふるい》にかけられた優品が万国博に出品され、高評価を獲得して輸出増進に結びつくのである。明治一一年（一八七八）一月、内務省は地方官に対して地方博について意見を求めたが、その反応は悪かった。滋賀県権令《ごんれい》籠手田安定《こてだやすさだ》は、内国博に加えて地方博を開催すると、出品者たちが博覧会の準備に追われて休養もできず、さらに地方博が人々に飽きられて競争が起こらなくなると主張した。結局、内務省はこの意見を取り入れ、四月、地方博を取りやめることを決定した。

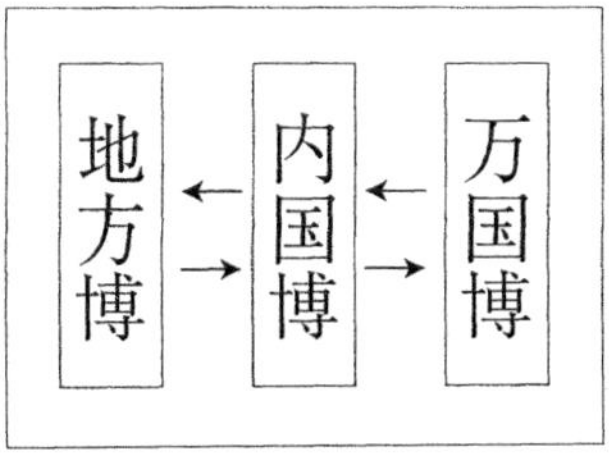

図19　大久保利通の博覧会構想

この翌月一四日の早朝、大久保は馬車で赤坂仮御所に向かった途次、紀尾井坂《きおいざか》で島田一良《しまだいちろう》らに襲われ絶命した。島田は以前より大久保が西郷暗殺を計画していたと思いこんでおり、その報復として大久保を襲撃したのである。伊藤博文が、この事件を西郷の復讐であると語る所以《ゆえん》である。復讐はこれで

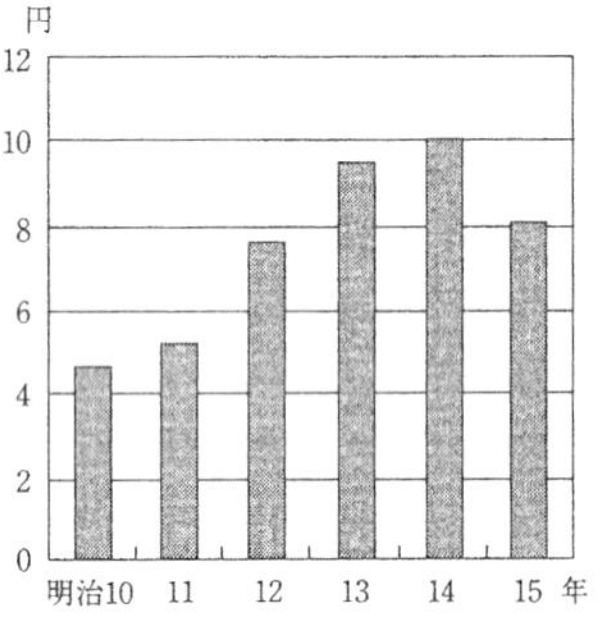

図20　米の価格（1石）

は終わらなかった。西郷の亡霊は姿を変えて、さらに政府を苦しめるのである。西南戦争の戦費調達のため不換紙幣を濫発したつけが、明治一二年に強烈なインフレーションとして跳ね返ってきた。明治一〇年に一石四・四六円であった米価は、あれよあれよとつり上がり、明治一四年には一〇・〇八円まで急騰し、日本経済は深刻な不況に陥った（図20）。西南戦争の莫大な出費とインフレの高進は、近代日本の産業発展にも暗い影を落とした。明治一五年、鉄道局で中山道《なかせんどう》幹線を測量していた杉山輯吉は、西南戦争の戦費六〇〇〇万円があれば、東京・青森間の開通が可能であったと指摘し、「西郷氏は軍務には多少の進歩を与えたが、我工業社会には大きな退歩を遺物《かたみ》とした」と述べたのである（「日本鉄道延線論」）。明治政府は一四年の不況にあたり、殖産興業政策を整理縮小せざるを得なくなった。大久保が強力に推進した殖産興業は、西南戦争のために大きく制限される結果となったのである。

大久保が暗殺される日の朝、地方官会議のために上京していた福島県権令の山吉盛典《やまよしもりすけ》が大久保邸を訪ねた。この時、大久保は山吉に対し、明治最初の一〇年は創業の時期、次の一〇年は内治を整備し産業を増進する時期、その次の一〇年は後進が事業を継承する時期であると述べた（『大久保利通文書』九）。このように大久保は明治国家運営に対して一〇年三期の中長期ビジョンを描いており、明治一〇年の第一回内国博は明治創業一〇年記念、あるいは第一期の総括として考えていたのかもしれない。しかし、大久保は明治国家運営の第二期が始まり内治整備の第一弾として地方官会議が開かれた矢先に斃《たお》れてしまったのである。

明治一一年パリ万国博

この時、大久保の右腕として勧業政策に奔走していた松方正義《まつかたまさよし》は、パリ万国博参加のためフランスに滞在していた。五月一日の開会式が終了し、一息いれているところにドイツ公使青木周蔵《あおきしゅうぞう》から訃報が飛び込んだ。松方は茫然とし、一七日に日本の五代友厚《ごだいともあつ》に対して「実に愕然、愁傷の至りである、万里と離れたところにいては細かい事情がわからず、ただ茫然、断腸のほかはない」と伝えている（『公爵松方正義伝』乾）。それでも松方は博覧会業務をこなすとともに、ヨーロッパ各地を視察して明治国家建設第二期の主役の一人として成長するのである。

表5　パリ万国博の日本出品

区	出品分類	出品数
1	美　術	0
2	教　育	1,512
3	家　具	25,158
4	織物衣服	11,043
5	採拓工業	1,551
6	機械工業	7
7	食用品	2,041
8	農業・養魚	18
9	園　芸	3,986
合　計		45,316

さて、パリにおける三回目の万国博は明治一一年に開催された。参加国は三六ヵ国、出品者は五万三三六三五人、入場者数は一六〇三万人にのぼった。明治政府は松方正義を副総裁（のち総裁）に、フランス生活の長い前田正名《まえだまさな》を事務官（のち事務官長）に任命して準備を推進し、四万五三一六点もの出品を収集した。これらの出品物は会場では表5のように九区に分類された。三区の家具の出品が最も多く全体の半数以上を占めた。実は家具といっても大半は陶磁器であり、香蘭社《こうらんしゃ》や瓢池園《ひょうちえん》、七宝《しっぽう》会社のほか、宮川香山《みやがわこうざん》の評価が高かった。次に多かったのは四区の織物・衣服で、三、四区だけで全出品の八割を占めたのである。褒賞は二四二二点も獲得することができた。

日本の出品物の売却総額は三〇万七七二七円で、その九割が陶器、金銀銅器、漆器で占められた。特に販売好調だったのは七宝会社の出品であった。社長の村松彦七は開場前から市場を注視して価格を定めた結果、パリに運んだ二〇〇余箱の売品は悉《ことごと》く売れ、残品はわずか数箱であったという。また、今回の出品者たちはウィーン、フィラデルフィア万国博にも出品した者が多かったためか、失敗した者もなく、それぞれ利益をあげたようである（『仏蘭西巴里府万国大博覧会報告書』）。明治六年のウィーン万国博から美術工芸品を重点的に出品していたが、今回もその戦略が正しかったことを証明した。

「楫の無い舟」と「開化者流」

博覧会終了後に編まれた『仏蘭西巴里《フランスパリ》府万国大博覧会報告書』では、陶磁器類と絹糸・絹布《けんぷ》類の部において、次のような興味深い指摘をした。

まず、陶磁器類の部では日本製品、ヨーロッパ製品ともお互いのデザインを模倣した出品物が多かったが、両者ともにその模倣が非常に拙《つたな》いので、今後は双方とも模倣はやめ、自国の長所を重視してその美を活かすように努力すべきであると提言した。

次に絹布・生糸《きいと》類の部では、ウィーン万国博と今回の万国博で審査を担当したリヨン商法会議所のロンドの意見を引用した。ロンドは、日本の出品物がみだりに西洋風を混入したり西洋の染料を使用したりして日本固有の特徴を失っており、さらにそのモノマネの的が外れていると述べた。たとえば、衣服に用いる模様を家具に用いたり、家具用の染料で衣服を染めているというのである。さらにロンドは、今の日本はヨーロッパ事情を理解しないまま、いたずらに自国の旧法を捨てようとしており、その勢いはあたかも「楫《かじ》の無い舟のようである」と指摘した。

これらの意見を重く受け止めた日本の博覧会事務局は、今後の対策として、日本製品（特に陶器・銅器・漆器・縫物・織物類）は、決して西洋風をまねずに日本流を追求し、西洋人のはずかしめを受けないようにすること、日本の現状（輸入超過など）を熟視し、西洋品に沈酔して濫用しないこと、と提言した。自国と異なる趣味趣向に惹《ひ》かれるのは何時《いっ》の時代も同じことであったが、所詮モノマネはモノマネに過ぎず、本家から見れば陳腐《ちんぷ》な品物にしか見えないのであった。

以上のように博覧会場でモノマネの愚かさを実感した事務官たちであったが、これをやめさせることの難しさもよくわかっていた。実は、この提言の後、報告書では「このように述べたが、今のいわゆる『開化者流』は、不承知のことであろう」と記しているのである。明治初年に始まる急速な文明開化の風潮は明治一〇年代には一息ついた。しかし、西洋化を盲信する風潮は衰えていたわけではなく、鹿鳴館《ろくめいかん》時代へ引き継がれていくのである。この西洋化を盲信する人々が「開化者流」と呼ばれた。

福沢諭吉《ふくざわゆきち》は『学問のすすめ』一五編で、一人の少年がある学者に心酔し、その学者の朝寝の癖までまねして健康を損ねてしまう話を載せている。そして、人を慕うあまり悪事までならうとは笑い事であるが、「今の世間の開化者流にはこの少年の輩《やから》、甚だ少なからず」と記している。福沢は、西洋文明に心酔し、これを無批判で受け入れる日本の風潮を一少年にたとえ、日本はいずれ健康を損なうと警告したのである。この『学問のすすめ』の一五編が刊行されたのは明治九年七月であるが、一一年のパリ万博ではすでに福沢の警告した健康被害があらわれていた。ウィーン万国博から外国人の嗜好に合わせて出品物を製造するようになったが、これが劣悪な西洋の模倣を招き、日本のオリジナリティーを失う結果となっていたのである。

「日本」のアピール

明治政府はウィーン、フィラデルフィアなどの万国博で日本の存在を強くアピールしてきたが、欧米人の「日本」理解度はまだまだ低かった。松方正義《まつかたまさよし》がフランスに入国して驚いたのは、フランス人の多くが日本を独立国であると知らず、なかには中国の属国であるという者さえいたことである。また、前田正名はフランス留学生時代（明治二～一〇年）で最も苦しかったのは、お金でも、言葉でも、不自由でも、病気でもなく、日本がはずかしめられることであったと回顧している。前田はヨーロッパ人の口から、日本は宗教もなく野蛮で、中国の属国であるということを耳にたこができるほど聞いたのである（『公爵松方正義伝』乾。「前田正名自叙伝」下）。

明治一一年パリ万国博においても、ヨーロッパ人に「日本」を認識させることが最重要

図21　日本館の正面（*l'ILLUSTRATION*, 1878. 6. 15, 横浜開港資料館所蔵）

課題であった。図21は会場の日本館である。屋根上には日章旗が翻り、「Japon」の額が掲げられた入口の右壁には日本の地図を描き、中国の属国ではなく、独立国であることを視覚に訴えた。さらに日本の案内書として、第一編（地誌・史略）、第二編（美術・教育・産業・製造物・農業・園芸などの沿革と出品物案内）を刊行し、フランス事務局や各国事務官に配布するとともに会場でも販売した。松方は「日本は三千年来、光輝ある歴史を有する独立帝国」であることを認識させようと勉めたのである（『公爵松方正義伝』乾、伊藤・二〇〇八）。

一方、前田はヨーロッパ人の日本に対する無理解を是正するため、「忠臣蔵」をアレンジして脚本を書き、「日本美談《やまとものがたり》」と題し、フランス人俳優を用いて上演した。この「日本美談」では、神仏を尊ぶ理由や、国のためなら家も身も捨てること、そして、野蛮と卑しまれる切腹については、国を愛し、名を重んじる真心から出るもので、偏《ひとえ》に卑しむべきことではないと訴えた（「日本美談」）。この演劇は好評で、万国博終了の翌年にもパリの劇場で上演された。前田は、万国博の集客力と演劇が盛んなパリという地を利用して、宗教・忠孝・報国・礼儀・愛情・信義といった日本人の内面を伝え、ヨーロッパ人の日本理解を深めようとしたのである。

第二回内国勧業博覧会

パリ万国博終了後、政府は第二回内国博を明治一四年三月一日から六月三〇日まで上野で開催することを宣言した。深刻な不況のために官営事業の整理縮小に着手せざるを得なくなった政府であったが、第二回内国博は中止しなかったのである。しかしながら、入場料などを財源とする自費出品人への助成金給付は実施できなかった。

内国博事務局の総裁として能久親王《よしひさしんのう》が就任し、以後の内国博では総裁に皇族が就任することとなった。副総裁には内務卿松方正義、大蔵卿佐野常民《さのつねたみ》、農商務卿河野敏鎌《こうのとがま》の三名が任命され、事務官に田中芳男、山高信離《やまたかのぶあきら》、御用掛に町田久成《まちだひさなり》と、慶応三年パリ万国博グループが任命された。

田中と町田については前述したので、ここでは山高について少々述べておこう。山高は天保一三年（一八四二）江戸に生まれ、元治元年（一八六四）に目付となり、慶応三年パリ万国博では徳川昭武《あきたけ》の傅役《ふやく》（守役）として渡仏した。その後、ウィーン万国博、第二回～第四回内国博では事務官長や審査官などをつとめ、明治二六年シカゴ万国博では事務官として渡米、三三年パリ万国博では評議員をつとめるなど、彼の人生はまさに博覧会とともにあったといって良いであろう。そして京都帝室博物館長を最後に明治三五年に引退した。高村光雲《たかむらこううん》は山高について、「博識で、美術界のために大いに尽くされた方で、池の端に宏壮な邸宅を構えておられました。今日でもその建築は池の端に高く聳え立っております。何でも、かね勾配をもう一層高くしたほどの高い屋根の家でありますから、山高さんのことを『屋根高《やねだか》』さんなど人はいったくらいでありました」と語っている（『幕末維新懐古談』）。

表6　第1・2回内国博比較

内　訳	第1回(a)	第2回(b)	b/a
出品者数	16,174	31,239	1.93
出 品 数	14,455	85,366	5.91
褒 賞 数	5,096	4,031	0.79
入 場 者	454,168	822,395	1.81

さて、明治一二年八月に第二回内国博の規則類が布達され、出品収集活動がスタートしたが、不況のまっただ中であるにもかかわらず、出品者たちの関心は高く、出品数・出品者数とも第一回内国博を上回ることができた（表6）。

第二回内国博は三月一日に開会した。あいにくの雨模様であったが、周辺の店は紅灯《こうとう》をつるし、日の丸を掲げ、祭典を盛り上げた。会期全体の入場者は第一回に比して倍増し、上野周辺の店は大繁盛した。今回の入場者の中には上野見物のほかに横浜・横須賀まで足を伸ばす者も多く、新橋・横浜間の鉄道は大繁昌し、横浜・横須賀間の汽船は、毎便、乗せきれない客が四、五〇人でたという（『読売新聞』四月一九日、五月三日付）。内国博は東京・横浜見物コースの一スポットとなったようである。

出品物と名誉賞

出品物は第一回内国博と同様、①鉱業・冶金《やきん》、②製造品、③美術、④機械、⑤農業、⑥園芸の六区に分類された。褒賞は名誉賞以下、進歩、妙技、有功、協賛賞の四賞（各一〜三等）と、その下に褒状が設けられた。出品数は第一回から増加したが褒賞数は減少した。名誉賞も前回より二名減少して四者に与えられた（表7）。

旭玉山《あさひぎょくざん》は、第一回内国博にも人間の頭蓋骨模型を出品して龍紋賞を受けた。これを軍医が購入して外国の医官に贈ったところ、その国の人々はこれを人工物とは思わず、日本にはこの種の頭蓋骨があるのかと疑うものが多かったという。玉山は、今回はヨーロッパ、アフリカ、アジア三州の頭蓋骨模型を出品しようと意気込んでいた

表7　第2回内国博名誉賞受賞者

区	出品者（府県）	出　品
③	旭 玉 山（東京）	牙彫髑髏
③	七宝会社（愛知）	七宝画製品
⑤	富岡製糸場（群馬）	生　糸
⑤	伊達邦成（北海道）	移民拓地表

図22　旭玉山出品「牙彫髑髏」（東京国立博物館蔵）

が、一個をつくるのに二〇〇余日も費やし、精神困労して他をつくる元気がなくなってしまい、一品のみの出品となった。しかし、この出品は、精緻さが医学研究に役立てられると評価され、名誉賞が授与された（『第二回内国勧業博覧会報告書』）。

明治一一年のパリ万国博の日本出品の中で最も売り上げが好調だった七宝会社は、本会でも七宝の精巧さが評価された。

明治五年に創業を開始した富岡《とみおか》製糸場はわずか一〇年間に改良を重ねて品質の高い生糸を生産するようになり、輸出を増進して全国の蚕糸《さんし》業者を発奮させた功績が認められた。富岡製糸場は官営工場であるが、第二回内国博までは官民ともに褒賞の対象であった。

伊達《だて》邦成《くにしげ》出品の「北海道移民拓地表」は、明治三年から一三年までの開拓年表である。この表には戸数（明治三年一一三戸→同一三年五五八戸）、人員（二九五→二九五〇人）、開墾地（二七→一三二町）、収穫（大豆二七→一一二〇石）、牧畜（馬三四→七二三頭）などの変遷が示され、開拓事業の発展を数値で明らかにした。これに対し、政府は伊達が維新後に旧家臣を率いて広漠無人の地に入り、労苦を堪え抜いて荒地から五村落を形成するに至った功績を賞したのである。内国博の褒賞は生産品だけでなく、農産品を培う大地を開いた功績に対しても授けられた。内国博では出品物以外にも、産業発展や国家的事業に貢献のあった者が賞賛されていくのである。

表7に示した通り、名誉賞は③美術から二名、⑤農業から二名が受賞した。工業化を推進する政府としては④機械から受賞者がでることを期待したであろうが、残念ながら名誉賞に該当する出品はなかった。

その④機械の出品は第一回に比してわずか五点しか増加せず、二一六点という寂しい内容であった。今回も臥雲辰致《がうんときむね》がガラ紡を出品し、従来、操作に二人かかっていたところを一人でできるように改良したうえ、綿糸の生産量と品質も向上させ、進歩二等を受賞した。第一回内国博終了後、ガラ紡は各地に普及し、第二回内国博には模造されたガラ紡が多数出品された。しかし、第二回内国博審査員の大森惟中《おおもりいちゆう》が、臥雲について「いまだ専売制度がないため、たちまち模擬され、発明者がその利益を得ることが出来ず、その不運は実に憫《あわれ》むべきである」と報告したように、臥雲の暮らしは楽にならず、また粗悪な模造品がガラ紡の声価を下げるという結果を招いた（『第二回内国勧業博覧会報告書』）。その後、臥雲は妻子を妻の実家にあずけて上京し、発明に集中しようとしたが生活はますます苦しくなり、厳寒に際して身にまとう衣類にも困るほどであった。そこで臥雲は布団から綿を取り出し、みずから紡ぎ、みずから織って、衣服を製するほどであった。臥雲の窮乏を伝え聞いた大森は、自宅に寄宿させて資金を出して発明改良を援助することにした。しかし、臥雲は家庭の事情もあり、翌一五年に信州に帰国することとなった（村瀬・一九六五）。

臥雲の発明は恵まれることはなかったが、ガラ紡の出品は粗悪な模造品を防ぐために特許制度の確立が急務であることを政府に提示した。明治九年フィラデルフィア万国博でドイツ委員のルーローが母国の粗悪品改善を指摘し、ドイツで特許制度が整備されたように、ガラ紡の事例は特許制度の整備を後押しし、一八年には専売特許条例が公布・施行されるに至るのである。

失望される内国博

第二回内国博の開催当時、東京大学の学生であった三宅雪嶺《みやけせつれい》（のち著名なジャーナリストとなる）は、第二回内国博について「相応に人気は立ったが、前回の記憶がまだ新しく、同一物を再び見るような気持ちがして失望した者も少なくない。四年毎にと定めたところが実行されたのは、今回限りで、当事者もいささか持てあまし状態となっていた」と記している（『同時代史』一二）。明治時代において、わずか四～五年程度で改良進歩の成果を製品にあらわすことは困難で、第二回の出品物は数だけ増えたが目新しい物を欠いていたのであろう。今回の褒賞数が少ないのは、これが原因なのかもしれない。

閉会式において総裁の能久親王は聴衆に向かい、第二回内国博で得た資益を持ち帰り、ますます産業を拡張して、その成績を第三回の会場にあらわすように求めた。その第三回内国博は明治一八年に開会する予定であったが、開催されたのは二三年であった。この延期の理由の一つは、開催間隔を広くとることにより、改良進歩の成果が製品に明確にあらわれるように配慮したことなのである。

アジア連盟とアジア博

第二回内国博が開催されていた三月四日、ハワイ国王のカラカウアが世界旅行の途中、日本に立ち寄り、内国博を見物するとともに明治天皇と会談した（『明治天皇記』五）。その席上、カラカウアは明治天皇が盟主となってアジア諸国連盟を結成してほしいと訴えたのである。列強の横暴に苦しめられてきたハワイは、他の横暴を受けている国々と団結し、欧米諸国が押しつけた治外法権を撤廃しようと考えていた。カラカウアは、ハワイのような小さな島では実行力がないので、日本が連盟の中心となるように求めたのである。連盟を結成する順序として、まず、明治一六年のニューヨーク博覧会の場を利用して、天皇がアジア諸国の君主に治外法権撤廃の必要性を説明する。ついで日本で国際博覧会を開き、アジア諸国とヨーロッパの君主を招待する（アジアの君主のみの招待だと、ヨーロッパに怪しまれるため、ヨーロッパの君主も招待する）。そして、連盟を結成して治外法権撤廃の運動をするというのである。この提案に対して明治天皇は、日清関係が良好ではないことから実行の困難性を指摘し、本件は閣臣にはかって熟考すると答えるにとどめた。

慶応三年（一八六七）パリ万国博では、幕府が博覧会を利用して支配の正統性を訴えたように、万国博は外交の場でもある。カラカウアは世界各国の君主や宰相が集まる博覧会を会談の場として、または隠れ蓑として利用し、アジア諸国連盟を結成しようとしたのである。

第二回内国博が終了すると、大蔵卿佐野常民は第三回内国博を拡大してアジア博とする旨を建議した。佐野は明治六年のウィーン万国博参加時点から国際博覧会構想を抱いており、これを実現しようとしたのである。なぜ「アジア」なのかといえば、第一に、出品物の収集範囲を「内国」からアジアに拡大することで、より広く産物の比較ができるということである。ただしアジア諸国に出品を限った場合、博覧会の目玉である機械出品が少なくなるので、アジアに植民地を持つヨーロッパ諸国に機械出品を要請してこれを補おうとした。第二に、佐野は、欧米の興隆に反してアジアは不振に陥っていると認識しており、日本が率先して近代化を進め、アジアを復興させようと考えていた。第三に、佐野は将来的に万国博開催を構想しており、その前段階としてアジア規模にとどめたのである。しかしながら、明治一四年の政変の影響により佐野が大蔵卿を更迭されたこともあり、本案は採用されなかった。そもそも、政府内は大隈重信の積極財政論から松方正義の緊縮財政論へと転換しており、内国博をアジアレベルまで拡大する案が採用されることはなかったと思われる。

カラカウアと佐野の構想は、博覧会を利用して日本が中心となってアジアの連帯を深め、欧米に対抗するという点では共通していた。しかし、両者の計画とも実現を見なかったのである。

内国博の浸透

第三回内国博の延期

明治一六年（一八八三）、農商務卿西郷従道《さいごうつぐみち》は一八年開催予定の第三回内国博を二二年に延期する旨を上申した。延期理由は内国博の開催間隔が短すぎるということであった。内国博の準備は二年ほど前から着手するため、四年に一度の開催だと出品者や府県勧業課の職員たちが常に博覧会の準備に追われ、通常の事務に集中することができなくなる。また開催間隔が短いと、産業の進歩が展示にあらわれにくいため、入場者たちに飽きられてしまうというのである。

その二年後の明治一八年、西郷は、明治二三年が紀元二五五〇年に相当するので、アメリカ独立一〇〇年祭のような紀元祭を挙行して皇祚長久を祝すとともに、第三回内国博をアジア博覧会として開催することを建議した。その結果、七月にアジア博の組織取調委員が設置され、委員長には元老院議長であった佐野常民《さのつねたみ》が就任した。

この動きをキャッチしたマスコミもアジア博に注目したが、その評価は厳しいものであった。たとえば『朝野新聞《ちようやしんぶん》』（明治一八年八月三〇日、九月一日付）は、博覧会の目的の一つは開設地に多くの金銭が落ちることであるが、遠洋の孤島である日本に多くの外国人が来るとも思えないので、その利益を見込むことはできないと記した。この認識はマスコミに共通しており、博覧会に期待されたのは産業奨励という面より、金が落ちることであったことがわかる。

佐野常民は念願のアジア博実現のため調査に邁進し、翌年に取調報告書を提出した。ここで佐野は、将来的には万国博を開催するが経費もかかるので、今回は予算を一〇二万円としてアジア諸国に出品範囲を限定すると報告した。ただし、アジア諸国からは最新機械の出品が期待できないため、会場に貿易館を設置して欧米から出品を募ることにした。この構想は、明治一四年の佐野の構想を具体化したものである。これに対し、緊縮財政を進める大蔵大臣松方正義は、アジア博は不急で国力不相応の策であると一蹴し、経費五〇万円で第三回内国博を開催し、貿易館を設置して欧米から機械出品を募るという意見を提出し、こちらが採用されるところとなった。その後、貿易館は第三回内国博の実施過程で参考館と改称され、欧米の出品を募るのではなく、博覧会事務局が明治二二年のパリ万国博で物品を購入して展示することとなった。

明治二二年のパリ万国博

明治二二年のパリ万国博は、フランス革命一〇〇年を記念して開催された。ところが、革命を祝する会への参加を嫌ったドイツ、スウェーデン、トルコ、ブルガリアは参加せず、イギリス、ベルギー、スペインなどは私設委員の名をもって非公式に参加することとなった。それにもかかわらず入場者は三〇〇〇万人を超え、多額の黒字を計上した。この理由として、富くじを付した入場券がよく売れたこと、エッフェル塔が大人気を呼んだことなどがあげられる。工学の粋《すい》を集めて建設されたエッフェル塔は、まじめな教育的意図にもかかわらず、何よりもスリリングな眺望を与えたことで人気を博した。このように入場者が博覧会に娯楽を求めるようになると、事物教育を目的とした万国博の主調は変化し、入場者を楽しませる方向へと力点が移っていくのである（ウィリアムス・一九九六）。

さて、日本の出品活動であるが、フランス政府の参加要請が明治二〇年六月と遅かったために出品収集期間が六ヵ月しか取れず、出品者が十分な製造時間を取ることができなかった。このため表8のように前回（明治一一年パリ万国博）に比して出品数が激減する結果となった（『農商務省報告（明治二〇年）』。『仏国巴里万国大博覧会報告書』）。

出品物の評価は前回と同様に、陶器・銅器・漆器などの多くは「洋臭」を帯びており、日本固有の「韻致《いんち》」（風雅な趣）が乏しく、欧米の美術愛好家は、これを痛く歎いていたという。この件については前回の反省が全く活かされていなかったということになる。しかしながら、売り上げは非常に好調で、前回と同様に陶器・七宝金属類がよく売れ、これら二種で売り上げ全体の六割を占め、売れ残りもわずか四七三点であった。そもそも出品数が少なかったこともあるが、好景気により入場者が多かったことや、フランスで「日本趣味」（ジャポニスム）が流行していたことが売却率を高めた原因として考えられる。褒賞も四九七点と前回から倍増した（『仏国巴里万国大博覧会報告書』）。

その褒賞授与式ではフランスの首相ピエール・ティラールが非常に興味深い演説を行なった。それは、最近の博覧会は昔と異なっているというのである。つまり、昔の博覧会は会場を一大市場とみなして出品物を売買したり、新しい物産や発明改良を示すことを目的としてい

表8　明治11，22年パリ万国博日本出品

明治	出品者数	出品数	褒賞数
11年	262	45,316	243
22年	462	4,242	497

たが、最近の博覧会は社会全体の福利増進をはかるために一切の事項を公衆の観覧に供するもので、このため公衆衛生、児童教育、災害予防、住居改善などの展示が行われる。もはや博覧会は産業振興のための博覧会の枠を越え、社会全体の利益を追求する催しに変容したというのである。

博覧会の先進国フランスでは、博覧会が産業奨励会から福利増進会へと変貌していたのである。また、この万国博に合わせて万国貨幣会議・万国海事会議・万国度量会議など約七〇の会議が開催された（『仏国巴里万国大博覧会報告書』）。万国博の集客力を利用して会議が開催され、その成果を福利増進に役立てようとしたことはいうまでもない。これ以後、万国博では数多くの万国会議が開催されるようになるのである。

第三回内国博と国会

明治二三年といえば帝国議会（国会）開設の年、または「教育勅語《きょういくちょくご》」が発布された年として有名であるが、この年に第三回内国博が開催されたことを知っている人はほとんどいないであろう。しかし、『毎日新聞』（明治二三年四月二日付）が、「国会と並び立ちて二三年の支配者ともいうべき内国勧業博覧会」と報じたり、中江《なかえ》兆民《ちょうみん》（明治時代の思想家）が、「政治的の建設物たる国会と、経済的の建設物たる博覧会と同一年に開設されるとは、アジア洲中、千古の偉観というべし」と記しているように（『中江兆民全集』一三）、当時の人々にとって第三回内国博は国会と並ぶ重大事項なのであった。

第三回内国博は、従来の内国博に比して外国を強く意識した博覧会で、今までの内国博の目標であった「輸出増進」に、新たに「販路拡張」が加えられた。このため、政府は欧米の商工業者や東洋に駐在する各国公使らに向けて七二九通の招待状を送付した。内訳はアメリカ・二三六、清国・一九八、イギリス・八五、朝鮮・四四、フランス・三四、ドイツ・三一、その他・一〇一通である。アメリカは当時の最大輸出国でイギリスは最大輸入国であり、両国に積極的に売り込みをかけることにより、輸出増進と輸入防遏《ぼうあつ》がめざされた。このように、国産品を海外に売り込むことに注意が払われたが、外国製品を国内に紹介することも怠らなかったことは、参考館が設置されてパリ万国博で購入された物品が展示されたことからも明らかである。ちなみに参考館に展示された物品の数は一七二六点で、その二割にあたる三四四点が壁紙であった。これは日本の家屋が洋風化して壁紙を使用するようになってきたので、国産品でこれに対応することを企図し、その模範となるために大量に展示されたと思われる。

第三回内国博の開会

第三回内国博は三月二六日に開会した。会場は前二回と同様に上野である。開会当初は桜花の季節と重なって見物客が押し寄せ、四月三日は大祭日（神武《じんむ》天皇祭）のため、「上野は花の上野にあらずして人の上野ともいうべく」、混雑を極めた（『読売新聞』四月四日付）。しかし、五月下旬になると雨が続いたうえにインフルエンザが流行し、入場者数は落ち込んだ。政府は何とかして入場者を引き戻そうとして毎週奏楽を催したが、なかなか回復しなかった。この理由として日本初の衆議院選挙が七月一日に迫り、世間は内国博どころではなくなっていたと考えられる。それでも会期全体の入場者数は表9の通り、何とか一〇〇万人を突破した。ただし第二回の入場者数は第一回の一・八倍だったが、第三回は第二回の一・二倍にとどまった。雨や流行病、選挙といったマイナス要因に見舞われたことを考慮しても、内国博の魅力が減退したことは明らかであろう。第二回内国博から一〇年という間隔が開けられて開催されたことは入場者増にはさほど貢献しなかったようである。内国博の存在は珍しくなくなり、欧米や国内各地から持ち込まれた品々だけでは、多くの客を誘引することができなくなっていたのである。

このような内国博に対して、マスコミは娯楽要素を加えるように主張した。たとえば

『朝野新聞』（四月二日付）は、外国の博覧会では遊戯施設が併設されている例をあげ、博覧会は「歓楽場」ではないが、「一般の人々に歓楽を与え、一人でも多く、一回でも多く、会場に出入りさせ、知らず知らずのうちに、有用有益の事物を見聞させるようにしなければならないのではないか」と提言した。『読売新聞』（四月一六日付）も外国の博覧会では集客のために音楽を奏し、見世物などを興行している例をあげ、本博覧会においてこのような趣向に無頓着であることを批判した。

表9　第1～3回内国博の比較

内　訳	第1回	第2回	第3回
出品者数	16,174	31,239	77,432
出 品 数	14,455	85,366	167,066
褒 賞 数	5,096	4,031	16,152
入 場 者	454,168	822,395	1,023,693

前述したように、第二回内国博では、内国博が東京・横浜観光コースの一つに組み入れられるようになったが、第三回内国博も同様であった。神奈川県の日野（現・東京都日野市）に住む河野清助は、四月一九日の早朝、娘と息子をつれて博覧会見物に出かけた。この日は一二時から一七時まで内国博を見物して浅草に宿泊した。翌二〇日は、まず浅草寺にお参りすると回向院《えこういん》→両国《りょうごく》橋→水天宮《すいてんぐう》などをまわって銀座で昼食を済ませ、歌舞伎座→増上寺《ぞうじょうじ》を参詣して愛宕《あたご》下《した》に宿泊した。翌二一日は愛宕神社→国会議事堂（建設中）→皇居→靖国神社→赤坂御所などをまわり、最終列車で帰宅した（『日野

市史』通史編三)。河野親子が内国博を振り出しにして意欲的に東京を巡ったことがわかる。

一般の人々にとって博覧会見物は物見遊山《ものみゆさん》の一部であり、内国博は産業振興のための催しというよりは、新奇、または珍奇なモノをみることができる観光スポットとして受け止められていたようである。それゆえにマスコミは、出品物を並べるだけでは魅力に乏しいと指摘し、娯楽性を強く求めたのであろう。しかし、博覧会は「歓楽場」ではないという政府の基本的スタンスに変わりはなかった。

褒賞メダルの表裏

第三回内国博の出品物は①工業、②美術、③農業・山林・園芸、④水産、⑤教育・学芸、⑥鉱業・冶金《やきん》術、⑦機械の七部に区分された。褒賞は名誉賞の下に進歩・妙技・有功・協賛賞（一等〜三等)、褒状が設けられ、名誉賞には表10に掲げた七名が選ばれた。③からは生糸《きいと》と製茶の出品者が受賞しており、主要輸出品の改良の成果があらわれているが、今回も⑦からは受賞者が出なかった。明治二三年段階においても、機械化の進展は名誉賞を授与されるまで到達していなかったのである。

名誉賞を受賞した七名は以前の内国博受賞者が多い。たとえば高知県で製紙技術の改良につとめた吉井源太は、薄葉紙《うすようし》などの品質の高さが評価され、第一回で龍紋賞、第二回で有功一等を受賞し、七宝焼の改良につとめた濤川惣助《なみかわそうすけ》は、第二回で有功二等、明治二二年パリ万国博では名誉大賞を受賞し、その名声を広めていた。つまり、過去の博覧会の褒賞により奨励され、ついに第三回内国博で名誉賞という栄誉を獲得するに至ったのである。それらの経緯を桜組、伊藤小左衛門、古河市兵衛《ふるかわいちべえ》にそって、もう少し詳しく見ていこう（『内国勧業博覧会審査評語』。『第二回内国勧業博覧会審査評語』）。

桜組は西村勝三《にしむらかつぞう》が経営する製靴工場で、明治三年からドイツ方式などを採用して靴を製造した。その後、西村はみずから渡欧して製靴を研究したり、ドイツの製革技師を日本に招き、工員や生徒を募って研修させるなど、熱心に欧米技術を取り入れた。その甲斐あって二二年には軍靴が陸軍の検査に合格し、その国産化の道を開いた。西村は、第一回、第二回内国博では依田柴浦とともに靴を出品し、品質の高さが評価され、第一回では龍紋賞、第二回では有功一等を受賞した。そして第三回では「陸海軍の装備を補うとともに一般の需要も満たし、このため舶来品が途絶えて輸出の端緒を開き、その名声は海外に及んだ」と評価されて名誉賞を獲得した（井野辺・一九六八）。

表10　第３回内国博名誉賞受賞者

部	出品人(府県)	出　品
①	桜　　組(東京) 吉井源太(高知)	靴・革 各種紙
②	濤川惣助(東京)	七宝画史屏風
③	伊藤小左衛門(三重) 丸尾文六(静岡)	生　糸 製　茶
④	藤野四郎兵衛(北海道)	鰊搾粕
⑥	古河市兵衛(栃木)	鉱　業

伊藤小左衛門は三重県における製糸業の先駆者である。文久二年（一八六二）に製糸業を始め、試行錯誤を繰り返し、官営富岡製糸場の技術を吸収しながら品質改良を進め、明治一〇年には事業を軌道に乗せることに成功した（『四日市市史』）。第一回内国博では褒状を、第二回内国博では「品質が精好で、機械により多量の生糸を製出した」として有功三等を受賞した。その後も品質改良を進め、第三回内国博では、海外に直輸出してアメリカ、フランスの信用を得たことなどが評価され名誉賞を獲得した。第二回内国博では富岡製糸場が名誉賞を受けたが、第三回内国博ではその技術を取り入れた地方民営製糸場が受賞した。明治政府が期待していた地方伝播の模範的なケースといえよう。

古河財閥の創始者である市兵衛は、明治八年に草倉《くさくら》銅山（新潟）の払い下げを受けたことを皮切りに、同一〇年には廃山同様の足尾《あしお》銅山（栃木）を買収、その開発に成功して事業を急拡大させた。第二回内国博には草倉銅山の銅を出品して有功三等を受賞した。二〇年、古河産の銅は日本の産銅総額の三〜四割を占めるまでに至った（『古河市兵衛翁伝』）。産銅額の増大は足尾銅山の富鉱の発見に支えられた面もあるが、蒸気力、次いで電力を用いた欧米技術（巻揚《まきあげ》機、坑内軌道、ポンプなど）を導入して掘鑿《くっさく》に着手した点も大きい。第三回内国博では、この点も評価され、「足尾銅山をはじめ各鉱山を興し、西洋学術を応用し、産額を増大させ、販路は遠くに及び、海外の信用を獲得した。本邦鉱業者の模範とするに足る」として名誉賞を受賞したのである（『毎日新聞』明治二三年七月一二日付）。

西村、伊藤、古河の出品は、欧米技術を導入した工業化が着実に進展していることを示している。また、この三者と滝川、吉井の授賞は、海外から信用を得たこと、海外に名声を広めたことが評価されており、丸尾文六《まるおぶんろく》の授賞はサンフランシスコに支店を設置したことが評価ポイントとなった。つまり、藤野四郎兵衛（北海道の豪商。北海道の漁業拡大が評価された）以外の名誉賞受賞者は、輸出拡大が授賞の要点となっており、第三回が「販路拡張」を強く意識した内国博であったことがわかる。

さて、産業の発展は良いことばかりでないことも記しておかなければならない。足尾銅山の開発が進むと、銅山から流れ出た鉱毒は足尾周辺を流れる渡良瀬川《わたらせ》に沈殿し、漁業に被害を与えた。また、周辺の山林は製錬所から吐き出される亜硫酸ガスにより枯れたり、燃料などに使用するため濫伐された。その結果、山は保水力を失い、渡良瀬川は氾濫するようになった。ひとたび洪水が起こると周辺の農地には鉱毒が流れ、深刻な被害を与えるようになったのである。

第三回内国博の褒賞授与式が行われた七月には第一回衆議院議員総選挙も行われた。この選挙で栃木県第三区から立候補した田中正造《たなかしょうぞう》が当選した。翌八月、関東地方を襲った暴風雨により、渡良瀬川各所の堤防が決潰し、広大な農地に鉱毒水が流れ出し、農産物をことごとく腐らせた（東海林・一九八四）。そして、翌年、田中が第二回帝国議会に足尾銅山の鉱毒被害を告発するに至るのである。

産業の発展は銅の需要を高め、銅山の開発は西洋の機械技術が導入されて急ピッチで進められたが、これにともない鉱毒被害も増大していくのである。博覧会場では名誉が認められても、会場の外では不名誉な事態が繰り広げられていた。名誉賞という耀《かがや》くメダルの裏側には、決して忘れてはならない事実も存在したのである。

褒賞の悲喜こもごも

褒賞授与式の終了後、桜組は、早速、新聞に広告を打った（図23）。広告の上部には名誉金牌の写しが載せられ、右下にはお礼文が記された（『毎日新聞』七月一九日付）。内国博も三回目を数え、その存在は一般に知れ渡り、そこで賞牌を得るということは大変名誉なことと思われるようになっていた。第一回内国博では高村東雲《とううん》が受賞した後に注文が増えたように、褒賞の獲得は政府のお墨付きを得たことになり、商品の信用が上がって販売も増進するのである。当然、受賞者としては受賞の事実をマスメディアに載せて、国内に広く宣伝しようとした。

内国博の出品者にとって最も気になるのが褒賞を獲得できるかどうか、そして、それが何等賞なのかということであった。最高賞である名誉賞を受賞すれば、鼻高々で新聞にも広告を載せるが、意中の賞をとれなかった場合やライバル社より低い等級の賞を授与された場合は、審査に対して大きな不満が残ることになる。第三回内国博では開催前から褒賞審査に大きな関心が寄せられていた。たとえば『朝野新聞』（明治二三年三月一三日）では、審査にあたる「官吏・教授」は学理に強いが、経済に関しては実業者に及ばないので精密な審査はできない、と従来の審査官が批判されていた。この意見は実業者に一般的だったようで、対策として内国博事務局は、実業者などから一〇一名を選んで審査官に任命し、官庁から選出された一三一人に加えて慎重に審査にあたることにしたのである。

図23　桜組の新聞広告（明治23年7月19日付『毎日新聞』）

しかし、七月一一日に褒賞授与式が終了すると、各地から審査結果を不服とする声がつぎつぎと沸き起り、ある醬油業者は受賞した有功三等賞を不当として審査官を相手取って損害賠償を請求するに至った。訴状によれば、審査官の怠慢不注意が「原告の商業を傷つけ、その儲け高を減少させるという損害を引き起こした」というのである。この訴訟はたちまち各地に波及し、酒屋・織物屋・煉瓦・傘屋なども訴訟に向けて動きはじめた。結局、醬油業者の件は農商務事務次官の奔走により、訴えが取り下げられることとなった。しかし、今度は西村勝三が、出品した白煉瓦《しろれんが》に授与された有功二等賞を不当として審査官を訴えるに至った（西村は桜組とともに品川で煉瓦製造所を経営していた）。結局、裁判所は、審査官の職務は優劣を判断して上官に報告するにとどまり、賞を確定する権限はないので個人としての責任は負わない、ということで訴状を却下したのである。

日本各地で博覧会や品評会などが盛んに開催されるようになるにつれて、出品者たちは賞を獲得して商品価値をあげることに精力を注ぐようになっていった。このような時に衆議院選挙が行われた。選挙権は直接国税一五円以上を納めた満二五歳以上の男性に限られていたために有権者は国民のわずか一％であった。それでも国民は民意を国政に反映できるという期待をふくらませていたのである。内国博の褒賞授与式は総選挙の一〇日後であった。不服のある出品者たちは政府（官吏）の審査であろうが、尻込みせずに自己の意見を主張し始めたのである。

内国博は三回を重ね、その存在は明治の人々の中にすでに浸透していた。浸透したがゆえに、そこで獲得する褒賞の等級に出品者は大きな関心を寄せるようになっていた。また、浸透したがゆえに、内国博は目新しさを失い、飽きられていったともいえるのである。

岐路に立たされる内国博

第四回内国博の誘致

明治一〇年（一八七七）の第一回から二三年の第三回まで内国博は連続して東京で開催された。回を重ねるうちに内国博が開催地を経済的に潤す効果が注目されるようになった。優れた嗅覚を持つ商人たちがこれを放っておくはずがなく、第四回内国博をめぐっては各地から誘致の声があがり、激しい誘致合戦が繰り広げられた。そのような最中、日清戦争が勃発し、内国博に暗い影を落とすこととなる。

誘致運動の口火を切ったのは堺市商業会議所であった。明治二五年二月、同所は内国博が毎回東京で開催されていることに不満を募らせ、次回は商業の中心地・大阪で開催するように農商務大臣に建議することを決定し、これに大阪商業会議所が呼応して本格的な誘致運動が始まった。五月、堺・大阪に遅れじと京都商業会議所も京都誘致に動き出した。

実は京都では過去二回、内国博の誘致を試みたことがある。まず、明治一一年に京都府知事槇村正直《まきむらまさなお》が、遷都後に衰退した京都を復興させるために第二回内国博の誘致を、一六年には京都の有力商人が中心となって京都復興をめざして第三回内国博を誘致しようとした。いずれも内国博に都市復興の起爆剤としての役割を期待したのである。

明治二五年七月、松方正義《まつかたまさよし》内閣の農商務大臣に佐野常民《さのつねたみ》が就任した。幕末以来、博覧会事業に携わってきた佐野は、第四回内国博は京都、第五回は大阪、第六回は東京で開催するという輪番制を提案し、閣議で了承された。しかしながらこれで誘致運動が収まるものではなかった。大阪側は日本における商業中心地としての地位を強調し、京都側は美術工芸の淵源であり世界無比の旧都であると主張し、上京して政治家に陳情を繰り返した。当初は態度を保留していた東京も内国博の移設反対を表明し、東京開催の経済的メリット（第三回内国博パビリオンの再利用）などを訴えたのである。ここに現在もよく見られる〝イベント誘致に奔走する自治体〟の原型ができあがった。さて大阪・東京という強敵に対して、京都は誘致を有利に導く材料として何を用意したのであろうか。

内国博は商品見本市ではあるが国家的祝祭でもあった。日本の場合、この祝祭を司るのは天皇であった。第一回内国博で開会を宣言したのは天皇であり、実現しなかったアジア博は、神武《じんむ》天皇即位二五五〇年の紀元祭とセットで構想されていた。第四回内国博の開催が予定されていた明治二七年＝西暦一八九四年は、桓武《かんむ》天皇が平安京に遷都した西暦七九四年から満一一〇〇年という、誠に区切りの良い年に当たっていた。そこで京都商業会議所は誘致運動の切り札として遷都千百年紀念祭（以下、紀念祭と略記）を発案し、内国博との同時開催を主張したのである。そして誘致運動が大詰めを迎えると、京都はこの紀念祭に加えて内国博の会場敷地を無料提供することを上乗せし、誘致運動に勝利したのである（開催は一年延期され明治二八年となった）（『平安遷都紀念祭紀事』下）。

紀念祭と内国博の準備

第四回内国博ははじめて東京以外で開催される内国博であるとともに、桓武天皇の祝典と同時開催されるため、京都としては旧都のメンツをかけて成功させなければならなかった。明治二六年三月に京都市会に遷都紀念祭委員会が設置され、四月には協力団体として平安遷都千百年紀念祭協賛会（以下、協賛会と略記）が設立され、準備が進められていった（『平安遷都紀念祭紀事』上）。

協賛会は内国博と紀念祭を盛り上げるため、平安神宮を造営し、時代祭を催すこととした。時代祭は桓武天皇の時代から今日に至るまでの文運風俗の変遷を時代毎に区別した行列で、協賛会幹事の西村捨三《にしむらすてぞう》が、東京や大阪では真似できない行事として発案したものである。さらに西村は、東は名古屋から西は広島までの諸都市において、経費のかからない古器物陳列や勝景遊覧などを催すことを提案し、精力的に各地を遊説して二府八県聯合事業を設立した。表11は内国博と紀念祭に合わせて実際に催された主な行事である。宝物陳列などの予算を圧迫しない行事を催すにとどめた自治体もあれば、名所旧跡の案内記刊行や名所旧跡までの道路整備など、観光地を整備して積極的に誘客に乗り出す自治体もあった（『平安遷都千百年紀念祭協賛誌』蒼龍篇、玄武篇）。たとえば岡山県では『岡山案内記』を発行して県内の名所や諸施設を紹介した。また、商業会議所など

表11　二府八県聯合事業

地　域	行　　　事
京　都	宝物陳列，時代展覧会，京都市沿革絵図面作成，道路修繕等
伏　見	紀念祭，花火共進会，宝物陳列
大　阪	大阪城趾縦覧
神　戸	遊園地整備，神社仏閣修理・宝物陳列所新設等
岡　山	展覧会，公園整備，案内記発行
広　島	厳島神社における諸行事，旅宿・渡船等取締，案内書出版等
琴　平	紀念祭，宝物陳列
大　津	桓武天皇遷都紀念大法会，展覧会，仏堂開扉等
彦　根	彦根展覧会
宇治山田	神宝陳列所設置，金剛證寺開帳，海水浴場拡張，道路修繕等
岐　阜	物産陳列場，長良川鵜飼，公園改修
名古屋	各種展覧会開催，東照宮神宝陳列等

が中心となって岡山共賛会を組織し、後楽園《こうらくえん》の装飾、岡山城天守閣における美術工芸品などの陳列、東山公園の整備、国清寺《こくせいじ》の宝物陳列、社寺における祭典法会《ほうえ》の実施を促すとともに、旅宿や人力車の改善指導を行なった。岡山は、二府八県聯合事業に参加し、京都往来の旅客を岡山で途中下車させようと目論んだのである。

前述したように内国博は観光コースの一スポットとなっており、西村はこの動向を敏感に捉え、内国博が開催される京都と近隣府県を結んだ魅力ある観光コースをつくりだし、内国博と紀念祭を盛り上げて、多くの人を集めようとしたのである。

一方、開催地の京都府は道路修繕に着手し、博覧会場周辺道路と社寺や景勝地へ続く道路を重点的に整備した。次に旅館の取締規則を設け、所轄警察署による営業許可制、旅館内の衛生、明瞭会計、客引き禁止などの項目を盛り込んだ。さらに人力車の悪弊を取り締まるため営業人力車取締規則を改正し、強引な客引き禁止と料金明瞭化をはかった。京都市は社寺修繕に着手した。京都の寺には明治維新後、荒廃してしまったところも多かったが、予算に限りがあるため、桓武天皇にゆかりのある寺を中心に修繕した。また、これを機に自費で修繕した社寺も多かったようである（『平安遷都紀念祭紀事』上・下）。京都府・市は、観光都市としての基盤を整備し、内国博と紀念祭の相乗効果で両祝祭を盛り上げ、旧都としての京都を内外にアピールし、都市として活性化することを目論《もくろ》んだのである。

日清戦争の停戦と内国博の苦戦

四月一日、第四回内国博が岡崎（京都市左京区岡崎）で開会した。京都の社寺七二ヵ所では、これに合わせて、桓武天皇法要、日清戦勝祝賀祭、開帳、宝物・社殿拝観など、さまざまな行事を催した。内国博は京都市中を巻き込んで賑やかに開幕したのである。しかし、客の出足は鈍かった。戦争中なので博覧会の観覧を自粛するという雰囲気が世間に漂っていたのである。開会式が行われた四月一日、日清戦争はすでに停戦していたが、まだ講和条約が結ばれていなかった。戦争という国家非常事態が、観覧を楽しむという行為を遠慮させたのである。危機感を抱いた京都の『日出新聞』は、博覧会は娯楽の会ではなく、広告・競争・研究・実業上、最も有益な行事なので、観覧を遠慮することはないと呼びかけた（『日出新聞』四月一一日付）。政府は第一回内国博から博覧会の娯楽性を否定してきたが、結局、一般の人々は博覧会を娯楽の会と捉えていたのである。四月一七日に講和条約が締結されると、自粛ムードは解消に向かった。

東本願寺では禁門の変（元治元年）で焼失した本堂などが再建されたため、四月一五日から一週間、遷仏・遷座式が行われ、全国から真宗《しんしゅう》門徒たちが京都めざして集まってき

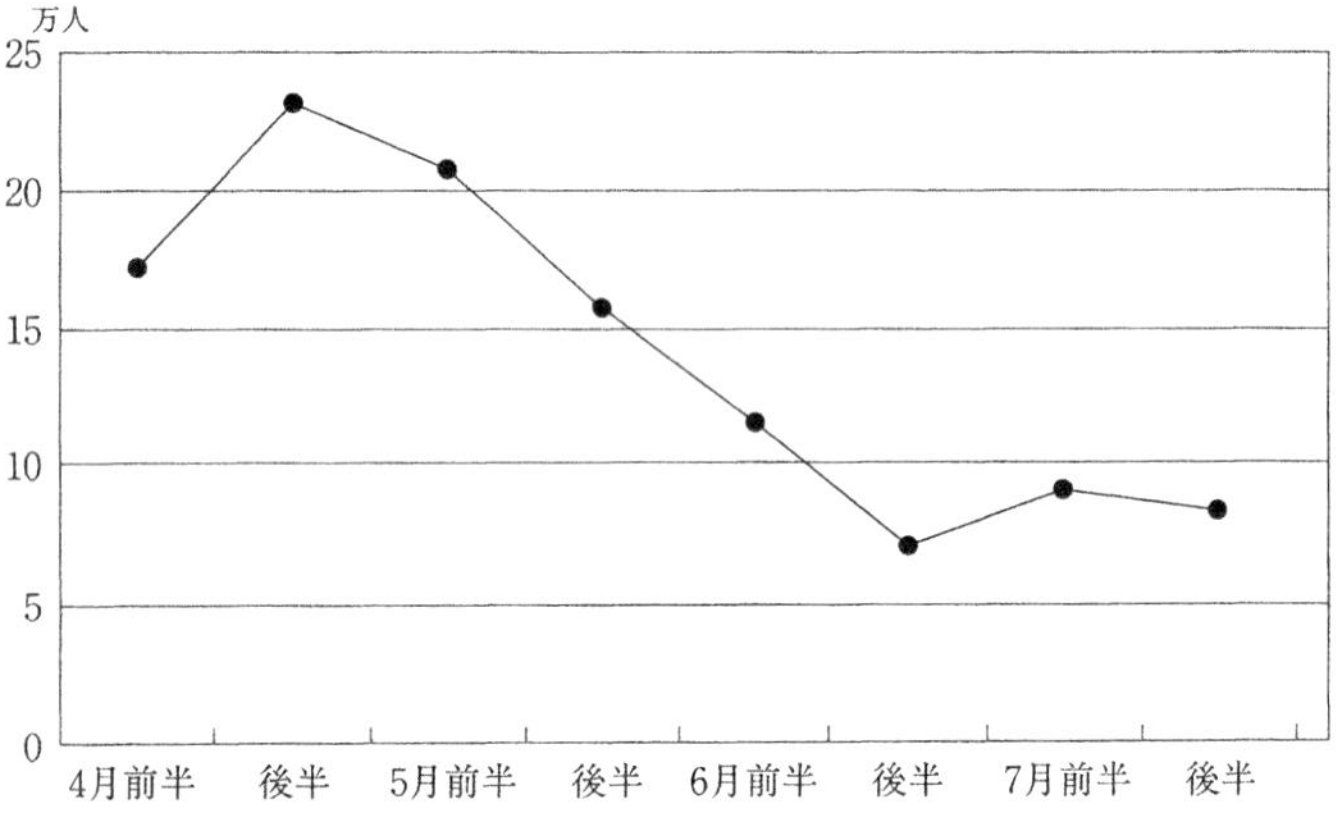

図24　第４回内国勧業博覧会入場者数

た。小泉《こいずみ》八雲《やくも》（ラフカディオ・ハーン）は「落慶《らっけい》式を見るために十万人を越す農民が集まった。彼らが大勢で広大な中庭に敷きつめられた筵《むしろ》に座って待っているのを私は午後三時頃に見たが、そこはまるで人の海であった」と記している（『日本の心』）。図24では、四月後半に入場者のピークを示しているが、この「人の海」が博覧会場にも押し寄せたためと思われる。そして、四月三〇日の紀念祭により、さらなる入場者増が見込まれたが、急遽、天皇の都合により一〇月二二日に延期されてしまった。紀念祭と内国博による相乗効果を期待していた主催者たちの目論見は外れてしまった。また、五月末頃より帰還兵とその荷物運搬のために鉄道が占領され、内国博に向かう人々が列車に乗れない事態が発生した。さらに、帰還兵が持ち込んだコレラが流行を始めた。二月に広島、四月に大阪で患者が発生し、まもなく京都でも流行が始まった。明治二八年の京都府のコレラ患者数は一八四二人、うち一五六一人が死亡する事態となったのである。コレラ流行が内国博の見学意欲を減退させたことはいうまでもない。これに農繁期に入ったことも加わり、五月以降、入場者数は下降を続けていく。この不振を挽回するため会場付近の売店が共同して六月中旬から花火や祇園囃子《ぎおんばやし》などを催し、京都電気鉄道が電車に電飾を施し夜間運転を始めた。これら余興の効果もあり夜間の人出は増したが、夕方に閉場する博覧会の入場者数の回復にはつながらなかった。入場者数は六月後半に下げ止まったが、さほど回復せずに閉会を迎えた。会期中の入場者は一一四万人と第三回内国博の一〇二万を上回ったが、二府八県聯合事業などのイベントを実行したわりには寂しい結果に終わってしまったのである。

第四回内国博の名誉賞

第四回内国博の出品物は、①工業、②美術・美術工芸、③農業・森林・園芸、④水産、⑤教育・学術、⑥鉱業・冶金、⑦機械の七部に分類された。博覧会の目玉といえば⑦機械である。しかし、当時の機械生産をリードした三菱造船所や川崎造船所、石川島造船所などが日清戦争のために工場をあげて軍需生産にあたり、これら造船所の多忙が関連の機械工場にも波及した。この結果、業務繁忙を理由に機械出品を取消した件数は三一一点にものぼり、機械の総出品数は第三回内国博より一〇二二点も減少して四九七点となってしまったのである（『第四回内国勧業博覧会審査報告』）。第四回内国博の入場者数が伸びなかった原因の一つは、機械という目玉出品が少なかったことにあるかもしれない。

しかし、機械の部の中でも電気関係の出品は好調であった。第三回内国博では東京電燈会社が会場周辺にアメリカ製電車を走らせ、電力時代の到来を示したが、これはデモンストレーションにとどまった。第四回内国博では電力が実用化され、開会前に京都電気鉄道が開業し、京都駅（七条停車場）と博覧会場を結んだ。また、名誉賞受賞者こそでなかったが、沖牙太郎《おききばたろう》（沖電気創始者）が電信機・電話機などを出品して有功二等を、芝浦製作所《しばうらせいさくしょ》（現・東芝）が発電機・アーク灯、電話機などを出品し、進歩三等を受賞した。

今回の名誉賞は金牌と銀牌の二種類が設定され、それ以下は、進歩・妙技・有功・協賛賞（一等〜三等）、褒状が与えられた。最高賞である名誉金牌は表12の五名が受賞した（『第四回内国勧業博覧会授賞人名録』。『第四回内国勧業博覧会審査報告』）。

佐野製糸場は、明治一八年、福島県の二本松製糸場の経営をやめた佐野理八《さのりはち》によって建設された。フランスから最新式の機械を取り寄せて良質な生糸を製出し、アメリカにも輸出した。これらの功績が評価された。

静岡製茶業者は、製茶過程における手もみ技術の発展、輸出高の増加、製茶教師の派遣に対し、国家の福利を増進したとして受賞した。

第二回内国博でも名誉賞を受賞した伊達邦成は、今回も有珠《うす》郡の拓地表を出品し、明治三年から二六年までの開墾地の発展を示した。今回は開拓の発展とともに、鉄道枕木やマッチ軸木の輸出が評価された。

表12　第4回内国博名誉金牌受賞者

部	出品者　（府県）	出品
①	佐野製糸場　（宮城）	生糸
③	静岡製茶業者（静岡） 伊達邦成（北海道）	製茶業 拓地成績表
⑥	古河市兵衛　（栃木） 三井三郎助　（福岡）	銅 石炭

古河市兵衛は第三回に続く受賞である。今回は設備の電力化とベッセマー精錬法（三六頁参照）の採用が評価された。足尾銅山では明治二〇年からドイツのシーメンス社の技術を導入し、発電機・ポンプ・電線・坑内電話などを導入して作業を効率化し、二六年にはベッセマー式転炉を精銅に応用して高品質の精銅製造に成功し、生産性を飛躍的に向上させたのである。

三井三郎助《みついさぶろうすけ》は三池《みいけ》炭鉱からの出品である。三井は明治二一年に官営三池炭鉱の払い下げを受けると、排水問題により廃坑寸前となっていた勝立《かつだち》坑をイギリス製の大型ポンプを導入して開《かい》鑿《さく》に成功し、日清戦争による石炭需要の増大により炭鉱発展の基礎を築いた。授賞理由はヨーロッパ技術を導入して採炭・運炭法を改良し、産額を増加させて輸出を増進させたことであり、本邦炭鉱の模範と評価された。

以上、名誉金牌は開港以来の主要輸出品である生糸と茶、北海道開拓、工業化を支える原料獲得のための鉱山開発・経営に対して授与された。明治政府の殖産興業政策の成果がここにあらわれている。

黒田清輝「朝妝」

第四回内国博ではセンセーションを巻き起こした出品物があった。黒《くろ》田清輝《だせいき》が出品した洋画「朝妝《ちょうしょう》」である。「朝妝」はパリのサロンで入選した実績を持ち、第四回内国博にも出品されようとしていたが、事前鑑査で問題が生じることとなった（黒田自身、鑑査員の一人であった）。その問題とは質の良否ではなく、「朝妝」が裸体画であったことである。内国博開会直前の三月二八日、『日出新聞』は「裸美人の運命」と題して、この件を報じた。そこでは西洋美学では裸美を神とし、この神を描くことを目的とするが、日本では裸美は春画《しゅんが》と同様に観られることが多い。それにもかかわらず、この絵を出品することを歓迎して良いものか、と読者に疑問を投げかけたのである。

鑑査の間、当の黒田はどのように思っていたのだろうか。右の記事が掲載された日に、久米桂一郎《くめけいいちろう》（洋画家・洋画教育者）ほかに宛てた手紙で次のように記している（坂井・一九三七）。

オレの裸体画で議論が大層やかましくなり、余程面白い。警官などが来て観るという騒ぎよ。（中略）いよいよ拒絶と来れば、オレは直に辞職してしまう迄だ。どう考えても裸体画を春画と見なす理屈がどこにある。世界普通のエステチックは勿論、日本の美術の将来に取っても裸体画の悪いという事は決してない。悪いどころか必要なのだ。大に奨励すべきだ。

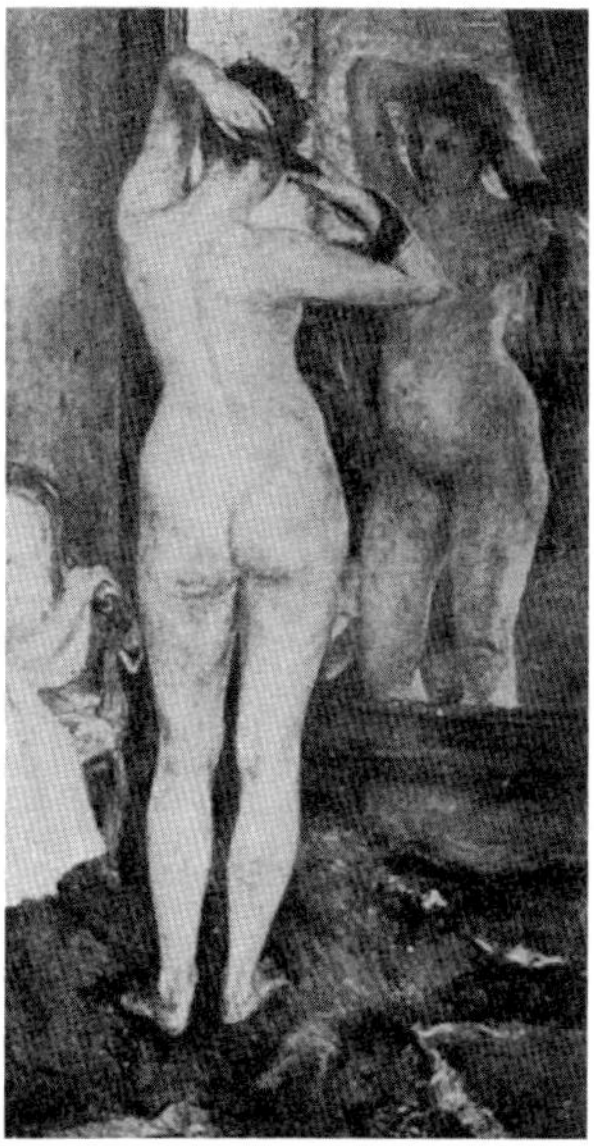

図25　黒田清輝「朝妝」

黒田は、裸体画＝春画とみなすような日本社会と、西洋社会との間に大きなズレを感じていた。そこで日本美術界の将来を考慮し、日本人の感覚を改革するため、あえて裸体画を出品したようである。したがって、センセーションを巻き起こすことは想定内であり、右記の手紙の末尾は、「道理上オレが勝だよ。ともかくオレはあの画と進退を共にする覚悟だ」と結ばれている。結局、審査総長の九鬼隆一の判断により、公務上、排斥すべき理由はないということで出品が許可され、黒田も審査官の職を続けることとなった。

そして、いよいよ会場に「朝妝」が展示された。すると、『日出新聞』（五月三日付）は反対色を鮮明にし、風俗を破壊するとして撤去を訴え、さらに出品者の黒田にも反省を求めたのである。ほかのマスコミも黒田を非難するようになり、大騒動へ発展した。これに驚いた久米桂一郎は、「裸体は美術の基礎」と題して『国民新聞』（四月二八日付）に美学論を展開し、黒田を擁護した。

一方、小泉八雲は、「一枚の大きな鏡の前に立って姿を映している裸婦の絵の評判は芳しくなかった。日本の報道関係はその絵の撤去を要求し、西洋美術の思想について手厳しい批評を加えたのだが、その絵を描いたのは日本人の画家なのである。駄作だが、三千ドルという法外な値がつけられていた」と記している（『日本の心』）。

さて、この後、裸体画論争はさらにヒートアップしたが、排斥派は風紀の問題として、擁護派は芸術の問題として論じたため、賑やかな論争にもかかわらず、議論は必ずしもかみ合うものではなかった（河北・一九七八）。ともあれ、黒田が博覧会という事物教育の場を利用して投げかけた問題は、日本の近代絵画史上、大変意義のあるものであった。

七月三一日、「朝妝」のセンセーションに比して内国博は盛り上がらずに閉会してしまった。西村捨三が設立した二府八県聯合事業も京都への集客には貢献しなかった。この不振の一因は、日清戦争やコレラ、紀念祭延期といった不幸に遭遇したことにあるが、その主因はやはり内国博自体の魅力が減退してきたことに求められよう。第四回内国博の不振は、今後の内国博運営に対して大きな見直しを迫ることとなったのである。

さて、内国博は不振であったが、京都府・市、そして京都商業界は、明治維新以後、萎縮してしまった京都の勢いを取り戻すため、内国博を利用して道路や観光施設を整備し、京都が観光都市として成長していく基礎を固めたのである。

遊園地化する博覧会

図26　箕作元八

明治三三年（一九〇〇）、パリにおいて五回目の万国博が開催された。今回の万国博は一九世紀最終年の開催ということもあり、一九世紀における事物の起因と結果を総括して二〇世紀を迎えるという壮大なテーマを掲げた大祝典となった。

この祝祭空間に足を踏み入れた一人の日本の学者がいた。彼の名は箕作元八《みつくりげんぱち》、明六社同人の蘭学者箕作秋坪《しゅうへい》の四男であり、慶応三年パリ万国博に派遣された箕作麟祥《りんしょう》の従弟である。学者一家の箕作家だけに、文久二年（一八六二）に生まれた元八は、東京大学で動物学を専攻して船虫の研究に打ち込み、明治一八年に卒業すると翌年ドイツに留学した。しかし、ここで強度の近視のため顕微鏡を使う研究が困難であると判明すると歴史学研究に転向し、二五年に帰国した。三二年、元八はヨーロッパ史を研究するため再びドイツに留学したが、途中でフランスに転学し、三三年八月二六日にパリに到着したのである。二八日、元八は、早速、博覧会に行き、「いたるところ見世物的である。ドンチャンドンチャン、イラッシャイ、イラッシャイ、奥山と同じで殺風景の極みである」と日記に残している（『箕作元八・滞欧「箙梅日記《ふくばい》」』）。奥山とは浅草奥山のことで、江戸の三大見世物地帯の一つである。

それでも元八はパリが気に入ったようである。ベルリンでは指をさされて「支那人」と呼ばれたが、パリでは「誰が通っても顧みる者もいない。大国の度量が外国人に慣れているのか」。「パリ人は活発でポライトである」し、パリの婦人は「意気」なので、「小生のごとき近眼者は、よほど接近するまでは皆美人らしく見える」とも記している。元八は隔日に博覧会に通うほど積極的に外出した。

「いたるところ見世物的」であった博覧会の中でも、最も大きな見世物地帯がセーヌ川沿いの一画で、パリ街と呼ばれた地区である。ここには、経済・万国会議館、園芸館、パリ市特別館などの〝まじめな〟施設も並んでいたが、その向かい側には各種見世物がぎっしりと並んで営業し、活気に満ちていた。

明治三三年パリ万国博と祝祭

博覧会の娯楽化

明治四年（一八七一）の普仏《ふふつ》戦争以来の三〇年間、ヨーロッパでは大きな戦乱がなかったため敵対していた国々の関係も表面的には融和し、博覧会参加の障害も減少した。その結果、参加国は三七ヵ国にのぼり、世界各国からパリをめざして人が集まり、入場者は四七〇〇万人を突破し、万国博史上、最高を記録した。嘉永四年（一八五一）にロンドンではじめて万国博が開催されてから半世紀が経過した。一九〇〇年の万国博は、初期の万国博と比較して、どのように変化したのであろうか。

初期の万国博は産業技術の奨励を目的とした事物教育の場であり、より多くの人をその場に集めて教育を授けようとした。また博覧会は国家や国王の祝典を兼ねている場合が多く、祝祭という性格がある以上、華やかでなければならず、多くの入場者で賑わうことが期待された。そして、各国で万国博が開催されるようになると、入場者がもたらす莫大な入場料収入、博覧会場とその周辺での消費が注目されるようになった。しかし、万国博は規模が大きいだけに不人気な場合、損失額は甚大であった。たとえば、明治二六年のシカゴ万国博は五六六〇万円もの大金を投入したが収入は三七六四万円にとどまり、一八九六万円の大赤字を出してしまったのである（山本・一九七三）。

できるだけ多くの人に産業教育を授けたい、多くの人を集めて華やかな祝典にしたい、多くの人を集めて儲けたいという意図から、博覧会の主催者たちは入場者数の多寡に一喜一憂するようになり、入場者数が博覧会の成否を左右する重要な指標となっていった。入場者が真面目な教育的意図で建設されたエッフェル塔に娯楽を見いだし、この塔に殺到したように、博覧会の誘客手段として有効なのは娯楽であった。それゆえに万国博の主催者は、より多くの人々を会場内に誘引するために、博覧会本来の主旨とは異なっていても遊戯施設を設置するようになったのである。

明治三三年パリ万国博のフランス政府の事務組織は、建築・道路・会計・審査などの七つの部・課で構成されていたが、その一つとして祝祭課が設置された。フランス政府の祝祭への力の入れようがわかる。会期中、各国の人々が懇親を深めることができるように毎日のように饗宴が開かれた。特に盛大だったのは九月二二日に大統領が主催した大宴会で、全国の市町村長や各国要人、新聞記者など、二万二〇〇〇余人が一堂に会した。会場のチュイレリー公園の食堂で用意した皿は二五万余、杯は一〇万余、給仕は二〇〇〇余人であった。大統領の挨拶の際には、「共和政府万歳、大統領万歳」を連呼する声は雷のようであったという(『千九百年巴里万国博覧会臨時博覧会事務局報告』上。以下『千九百年報告』と略記)。

さらに会期中の余興として、イルミネーション・フランス植民地のアルジェリアやセネガルの人々の行進・園芸祭・葡萄祭・自動車祭(新型自動車による行進)などが行われた。特にイルミネーションは壮大で、箕作元八《みつくりげんぱち》は、「博覧会の内外を数万の電気灯、瓦斯《ガス》灯で照らす。その美観は口にも筆にも述べることが難しい」、「さぞ子供等を伴ったならば、キャーキャーといってよろこぶであろう」と記している。パリでは尽きることなく飽きることなく、宴会とお祭りが繰り返され、国家祭典としての博覧会を盛り上げていった。明治三三年のパリは、博覧会を中心とした大祝祭空間となったのである。

パリ万国博における日本の出品活動を担った出品聯合協会は、その報告書において、見世物には学術を応用したり風俗の変遷を示したりと有益なものもあるが、多くは単なる営利目的で、パリ街には誇大広告を掲げて高声を発したり、異様の風体をなして客を誘っているところもある。このような見世物を博覧会場内に開くことには奇異な感じを受けるが、これらが会場の賑わいを助けて博覧会の収入増加に貢献したことは少なくない、と述べた（『千九百年巴里万国博覧会出品連合協会報告』）。また、日本の万国博事務局も、パリ街には浅草公園のように〝顎をはずす〟ような諧謔《かいぎやく》的物品を陳列したところがある。元来、博覧会には文学芸術を戦わせ、産業の消長を比較するといった厳格な目的があり、歓楽場は博覧会の体面を汚すきらいもあるが、博覧会を盛況にするため経営上必要な施設である、と報告した（『千九百年報告』上）。

明治一〇年、第一回内国博事務局は見世物を排除しようとしたが、二三年後のパリ万国博の日本事務局は、その必要性を認めた。博覧会の主催者は見世物により誘客して入場料を稼ぎ、見世物の興行主から賦課金を徴収して博覧会の重要な収入とした。見世物興行は博覧会経営上、不可欠な存在となっていたのである。

エッフェル塔

今ではパリの象徴となったエッフェル塔は、建設開始当初はパリの景観を破壊するとして芸術家には不評で、「発狂したピラミッド」、「空っぽなシャンデリヤ」などと酷評された。しかしながら、明治二二年（一八八九）に万国博が開会すると一大ブームを巻き起こし、お土産屋には鉄製や紙製のエッフェル塔が、お菓子屋にはチョコレートのエッフェル塔が並べられ、その売れ行きも好調だった（倉田・一九八三）。ところが万国博が終了すると、この塔にのぼる人は激減してしまった。フランスの作家アルフォンス・アレーは、エッフェル塔の再利用を次のようなコントで提案した（『悪戯の愉しみ』。一部省略）。

キャプテン　（前略）あの塔も一八八九年には産業発展のデモンストレーションとして役立ったが、いまでは全くの無用の長物と化しているからな。（中略）で、われわれはエッフェル塔をひっくり返し、頭を下に、足を空に向けて据えつける。それから壮麗な、装飾的な、しかも水を通さぬ陶製の被せもので包むんだ。

語り手　ブラヴォ、キャップ……で、それから？

キャプテン　さて、全体を一滴も水が洩れぬようにしておいてから、下部に蛇口をいくつか取りつけ、水を満たすんだ。

語り手　水だって？　キャプテン。そいつはひどい！

（中略）わかった！……鉄分を含んだ水。そうか、キャップ、きみは天才だ！

キャプテン　そうなのだ鉄分を含む水を、貧血にかかっている現代人に無料で提供するのだ。数年後には、この鉄のかたまりは徐々に雨水のなかに溶けこみ、パリっ子の体の組織のなかに入り、活力と健康を与えるだろう……

語り手　水のかわりにジンを、上等の古いジンを入れたらどうかね。

キャプテン　（キャプテンはきびしい口調で答えた）ジンの味は鉄の味と合わない。

このように茶化されたエッフェル塔であったが、明治三三年になると人気を取り戻した。箕作元八は九月三日に大混雑するエッフェル塔に行き、「百姓連大勢昇り、ほとんど動けないほどだ」、「これは鉄の籠にて作り、高さ奥山の十二《じゅうに》階《かい》楼の十三倍位あり」と記している。奥山の十二階とは、エッフェル塔の影響を受け、浅草に建設された凌雲閣《りょううんかく》である。やはり元八はパリ万国博の比較対象として見世物地帯の浅草が浮かぶのであろう。

一〇月二一日、留学先のロンドンに向かう途中、パリに到着した夏目《なつめ》漱石《そうせき》は、早速、万国博に向かった。その日の感想として妻に宛てた手紙に、「博覧会を見物致しましたが、大仕掛で何が何やら方角さえわかりません。名高いエッフェル塔の上に登って四方を見渡しました。この高さ三百メートルあり、人間を箱に入れて綱条で吊し上げ、吊しおろす仕掛です。博覧会は一〇日や一五日見ても大勢がわかるのが関の山だと思います」と書いている（『漱石全集』一四）。大混雑する万国博の広大な敷地の中では、会場のどこからでも見つけることのできる塔、四方を見渡せることのできる塔というのは、案外、実用的であったのかもしれない。どうやら逆さにして水漬けにしなくて良かったようである。

フェアリーランド

明治二〇年代のフランス都市部では、強力に発光する白熱灯やアーク灯が登場して夜空を照らし始めた。明治二二年パリ万国博の会場では園内に点じられたガス灯と各パビリオンの電灯が相映《うつ》ろいで、何ともいえぬ幻想的な夜景をつくり出していた。イルミネーションを施した泉水のショーは群衆を魅了し、エッフェル塔に設置されたスポットライトは、暗くなっていく空を照らし出したのである。明治三三年パリ万国博では、電気照明が大規模に使用され、祝祭は夜まで開かれた（ウィリアムス・一九九六。倉田・一九八三）。イルミネーションのための電球は博覧会場およびパリ各所、セーヌ川に浮かぶ船に到るまで設置され、毎週金、日曜日と祝祭日の夜間に点灯された。箕作元八は、八月三一日に「トロカデロ宮に座ってイルミネーションを見る。九時頃、一斉に各所の火を点じ、エッフェル塔は空中にある花火のようで、ほとんど実物と思われぬくらいで、なかなか偉観である」と感動した。人々にスリリングな眺望を与えた塔は、夜になるとイルミネーションをまとうファンタスティックな塔となり、祝祭空間を盛り上げていた。昼間の事物教育の場は、夜という覆いがかけられ、イルミネーションによりフェアリーランドに変身したのである。

従来の事物教育に重点を置いていた博覧会は、利益を期待する商業重視の博覧会へと変貌し、明治三三年パリ万国博は客の財布の紐を弛《ゆる》めるためにあらゆる見世物が興行された。

図27　1900年パリ万国博のイルミネーション
(John Allwood, *The great exhibitions*. London, Studio Vista, 1977)

元八の一一月二三日の日記には、「留学生の大半は博覧会の影響で学資を使い込み、鶴首《かくしゅ》して日本からの便りを待っている」と記されている。博覧会は、理性を失わせてお金を使わせる魔の消費空間でもあった。ただし、これらの留学生たちも、パリ万国博の経営には貢献したことになろう。

文明国の民として

次に日本の出品について見ていこう。明治三〇年二月、パリ万国博事務官長の金《かね》子《こ》堅《けん》太《た》郎《ろう》は、出品にあたり二つの方針を示した。まず第一に日清戦争勝利にともなう国威拡張により得た信用を失することなく国益を伸張すること、第二に対等条約下で各国と競争するはじめての博覧会なので、我国の生産上の実力を列国間に示すこと、である（『巴里万国大博覧会に対する方針』、領事裁判権の撤廃が記された日英通商航海条約の発効は明治三二年である）。近代国家としての成長を戦勝と対等条約というかたちで実感した金子は、国際的な地位向上に見合った参加形態をとらなければならないと説いた。また、金子は美術品の出品注意点として、日清戦争の「勇武」を示すために清国軍敗北の光景を描いて出品することがないように戒めた。これは清国人の感情を傷つけ、いたずらに敵愾心《てきがいしん》を刺激する上、文明国人の最も忌み嫌うところであるというのである。つまり、戦勝と対等条約により文明国となった日本の国民に対して、文明国のマナーを身につけるように要求した。博覧会の「平和」は表面的なだけに、示威的な展示はほどほどにしなければならないのである。

出品物は従来の万国博と同様に美術・工芸品が重点的に収集された。明治政府が初参加した万国博であるウィーン万国博から二七年経つが、日本の主力品に何ら変わりはなかった。政府は優秀な美術工芸品を収集するため、①補助金を交付して優良品を制作させる、②共進会・展覧会における優等品を収集する、③鑑査を実施して合格した優品を出品する、といった三つの方策をとった。①では高村光雲《たかむらこううん》や宮川香山《みやがわこうざん》ら二九名、②では下村観山《しもむらかんざん》・川合玉堂《かわいぎょくどう》らの作品計九点、③では日本画の狩野応信《かのうおうしん》・橋本雅邦《はしもとがほう》、西洋画の黒田清輝《くろだせいき》・久

米桂一郎ら一七八人が、補助または買上を受けた。最終的に二二六八点の作品が万国博会場に陳列された（『千九百年報告』下）

古美術品の展示

明治三〇年、有栖川宮威仁親王《ありすがわのみやたけひと》がフランスを巡回した際、同国の外務大臣からパリ万国博への古美術品展示を懇願され、これがきっかけとなってパリ万国博に特別館を建設して古美術品を陳列することとなった。日本にとっても「本邦美術の光輝を海外に発揚し、本邦文華の起因を知らしめる」ことができ、好都合であった。そこで政府は、パリに持ち込む古美術品として皇室、社寺、名家所蔵の名品に目をつけ、絵画・木彫・金属彫刻・蒔絵・陶磁器・織物など、七九一点を収集した。ところが、パリまで搬送する段階に至って思わぬ問題が生じることになった。あまりにも貴重な物ばかりであったため、保険を引きうける会社が見つからなかったのである。そこで事務局が尽力した結果、ようやく、二〇余社が保険を分担して引き受けることとなった。

さらにもう一つ問題が浮上した。日本の博覧会事務局は特別館の前に小池をうがち、日本風の庭園を模することまでは決めていたが、肝心の特別館をどのような建物にしたら良いか決め兼ねていたのである。事務局が大いに悩んだのは、日本古来の建築物には平屋建てのものが多く、これを模範として日本館を建築した場合、欧米各国の天に聳《そび》えるような

図28　1900年パリ万国博のパビリオン　日本館
（*L'Exposition de Paris de 1900*）

高層パビリオンの間に埋没してしまうおそれがあったからである。結局、事務局は法隆寺金堂を模範としながら、堂の高さを二〇メートル以上まで引き上げ（実物は一六メートル）。観覧を考慮して採光のために四方に釣鐘窓を設けることにした（図28）。建築材料はすべてフランスで調達され、瓦は亜鉛で日本瓦を模してつくられたのである（『千九百年報告』上）。

伝統展示と近代展示

日本の出品数は四万三七三六点、出品者は一三八四人（官庁を含めず）、褒賞は一二五七点も獲得した。表13に慶応三年（一八六七）から今回までの、パリ万国博における日本と全体の褒賞受賞数を比較した。慶応三年の初参加の際はわずか二四の褒賞しか得られず、全体の〇・一%であったが、明治一一、二二年が一%代にあがり、今回は四%となった。三七ヵ国が参加したことを考えれば高い数値であり、日本の出品は好評だったようである。しかしながら大きな反省点が残ったことも事実である。博覧会を訪れ、一〇日間も足が棒になるほど会場を歩き周った大岡育造《おおおかいくぞう》（衆議院議員）は、日本の美術工芸品が好評を得ていることに疑問を呈し、これらは進歩を示しておらず退歩であると述べた。大岡は特別館に展示された名宝と、一般に出品された日本の美術工芸品を比較しており、当然の指摘であった。日本美術の淵源を示そうとした古美術展示は、新作の美術工芸品の価値を削減してしまったのである。さらに大岡は、一九世紀の進歩は物質的には鉄と電気、機械の発達であるが、この種の日本出品はないとも指摘した（『欧米管見』）。

パリ万国博の日本事務局も、好評を博した出品の多くは日本伝来の旧技によるもので、文明的なものではないとした。さらに今回の万国博では武力（日清戦争勝利）だけではなく社会全般に文明国に劣っていないことを知らしめるべきであったが、このチャンスを逸し、博覧会の観覧者には昔の日本の状態を想起させてしまったと報告した（『千九百年報告』下）。

表13　パリ万国博の褒賞受賞数

	日本の出品数	褒賞数		
		日本 a	全体 b	a/b
慶応3（1867）	2,194	24	19,526	0.001
明治11（1878）	45,316	243	14,882	0.016
明治22（1889）	4,242	497	33,139	0.014
明治33（1900）	43,736	1,257	31,790	0.040

悠久の歴史を古美術展示で誇示し、文明国に列する由緒正しい日本を演出しようとしたが、世界から集まる人々には、従来と何も変わらない日本を再認識させてしまった。会場で他国の出品を回覧し、入場者のコメントなどを聞いた大岡や事務局は、この現実を痛感したのであろう。文明国に肩を並べるまでに成長したと自認した日本の出品は、文明的ではなかったのである。

万国博への出品戦略としては、日本の伝統品を並べてその独自性をアピールする方法と、西洋技術を取り入れたモノを展示して西洋化に励む日本をアピールする方法が考えられた。前者の「伝統日本」展示は、会場の中では確かに目立って客の注意を喚起するのには有効であるが、その反面、世界の人々に日本が非文明国であると認識されてしまう弱点があった。後者の「近代日本」展示は、先進国に追随する日本の姿を欧米列強に認識させて、気分の良いことではあるが、当時の日本には西洋文明の本家本元の欧米に勝てるようなモノを展示できる力量はなく、洋モノの劣悪なコピーを出品して評価を下げるおそれがあった。伝統展示でいくか、近代展示でいくか、その選択は悩ましい問題であった。

明治六年三月にドイツを訪れた岩倉使節団は、ビスマルクから世界の現状は表面的には親睦礼儀をもって交際しているが、裏面は強国が弱国を凌ぎ、大国が小国を侮っていると聞いた。そして、六月にウィーン万国博を訪れて大国と小国が競い合って出品している様子に衝撃を受け、この競争を「太平の戦争」と呼んだ。

万国博は世界の縮図

明治三三年のパリ万国博においても各国が表面的な平和の中、出品を競い合うという構図には変化はなかった。ただし、展示形態には変化があらわれていた。初期の万国博ではクリスタルパレスのような総合展示場に世界各国が出品物を陳列したが、しだいに国別のパビリオンが建設されていくようになり、各国の展示意図が明確に表現されるようになったのである（吉田・一九八五b）。一九〇〇年パリ万国博では、参加三七ヵ国中、三三ヵ国が個性的なパビリオンを建設した。イタリアはサン・マルコ寺院を模したゴシック様式の特別館を建設し、各国特別館中、最も注目された。ドイツ館はライン河畔の城郭を模擬して建設され、塔の高さは七五メートルに達した。館内では書籍や美術品により国の由緒が示されるとともに、世界市場に売り出そうとする商品が綺麗に展示された。各国は表面的な平和祭典の中で、独自のパビリオンを建設して国力を誇示したのである。日本の博覧会事務局も、この様子を「一種の示威的祝典」であると評した(『千九百年報告』上)。

　さて、会場の展示は、開催国のフランスの出品が質・量とも他国を圧倒したが、これ以外ではアメリカが注目を浴びた。進歩が著しいアメリカの機械展示はヨーロッパ先進国を

イタリア館

ドイツ館

図29　1900年パリ万国博のパビリオン
(*L'Exposition de Paris de 1900*)

動揺させ、ヨーロッパ人の中には、アメリカに対抗するためには各国が連合する必要があると説く者が出るほどであった。一方、イギリスの出品は少なく寂しい状況であったが、殖民部に限ってはインドの宮殿を模造したインド館とカナダ・オーストラリア館の二棟を建設し、鉱物などを展示してイギリスの無窮の富源を強調したのである。もちろん日本も「台湾島の我が版図に帰したる以来、初めて遭逢《そうほう》する好機」として、台湾の産品を出品しようとしたが、準備不足で出品はわずか七点にとどまった。

大岡育造は、世界各国が参加する万国博をみると国際関係を知ることができると述べている。その一例として、ロシアが会場内の好位置を占有したことと、セーヌ川にアレキサンダー三世橋というロシア皇帝の名をつけた橋が架けられたことに注目し、この優遇措置は、普仏《ふふつ》戦争以後、ドイツがオーストリア、イタリアと同盟を結んでフランスを包囲し、フランスがロシアと結んでドイツ勢力に対抗してきたからだと説明した。

また、内務省地方局はロシアのシベリア鉄道展示に注目し、これは清国を併呑《へいどん》する大計画を示しているようであり、最も人々を「警動」させたと報告した（『列国ノ形勢ト民政』）。トロカデロ庭園に設置されたロシア領アジア館には、モスクワ駅を模造したシベリア鉄道の展示場があり、入口はコサック兵が監守し、場内には汽車が設置されていた。この汽車展示ではモスクワから北京に到るまでの沿線の景色と集落の光景を一〇〇メートルのパノラマにしてあらわし、入館者に擬似的旅行を体験させた。内務省地方局にとって、この展示はあたかもロシアが大口を開けて清国を呑み込む光景に映ったのである。ロシアはパノラマという娯楽装置を利用して、日本に大きな脅威を与えたのである。

変貌する内国博

拡大する内国博

第三回内国博をアジア博にする構想があったことは前記したが、その後も内国博を拡大する構想は各所に湧き起こった。たとえば、第四回内国博が開会した明治二八年（一八九五）、大隈重信《おおくましげのぶ》は七〇〇～一〇〇〇万円を投じて「世界大博覧会」を開催し、世界のあらゆる物産を陳列するべきだと語った。場所は上野公園のような小さなところではなく、少なくとも一〇〇万坪前後の場所に幅二〇～三〇間の道を連接し、東洋に一つのロンドン、パリを開く準備をなすべきだと得意の大風呂敷を広げたのである。一〇〇〇万という経費については一〇万人の外国人が国内で一〇〇円消費すれば回収できるといい放った。大隈はこの博覧会を日清戦後の国威伸張をアピールする場とし、「世界強国へ仲間入りしたお披露目《ひろめ》」にすると考えていたのである（『毎日新聞』四月二〇日付）。

一九〇〇年パリ万国博の参加準備を進めている頃、第五回内国博の規模が話題にのぼるようになった。第五回内国博は、当初、明治三一年に開催予定であったが、パリ万国博準備のため三五年（一九〇二）に延期された。この年はペリー来航（一八五三年）から五〇年目にあたっており、『読売新聞』はこれを記念して太平洋沿岸諸国を招いた〝半〟万国博覧会の開催を提案した（『読売新聞』明治二八年八月三一日付）。『読売新聞』は、パリで開催された万国博以外が失敗している事例を鑑みて、規模を〝半〟万国レベルに設定したのであるが、その失敗例として掲げたのは明治二六年五月に開会したシカゴ万国博である。失敗の要因は恐慌で、開会と同時期にアメリカの銀貨相場が下落して一五〇以上の銀行が閉鎖し、製造中止に追い込まれる工場も多く、アメリカ経済は南北戦争以来の混乱を来したのである。恐慌の煽りを受けて開会当初から客の出足は鈍く、会期後半こそ入場者数は回復したが売り上げは不調であった。日本の出品も例外ではなく、閉会まで残り一ヵ月となった九月末までに売却できたのは、出品全体のわずか五％に過ぎなかったのである。結局、予想外の売れ残りを出したため、明治政府は出品物の日本までの積み戻し費用を補助するという異例措置をとった（『臨時博覧会事務局報告』）。さらにシカゴ万国博は、参同各国との不調和、粗雑な財政計画、政府と博覧会会社の対立など、運営も難航して約一九〇〇万円の大赤字を出してしまったのである（山本・一九七〇）。シカゴ万博の不振は、日本の出品者にも大きな負担を与え、博覧会の経営面が重要視される結果となった。万国博の規模が大きくなるほど、失敗した場合の損害額も大きくなる。『読売新聞』が、万国博ではなく太平洋沿岸諸国が参加する博覧会を構想した理由はここにある。

『読売新聞』がこの記事を発表した年、政府においても第五回内国博について検討が開始されていた。この件について農商務省から諮問を受けた第三回農商工高等会議（官僚、実業者、各地の商業会議所代表者で構成）は、①明治三五年は条約改正実施により欧米と対等の地位に立つ時でもあるので、博覧会の規模を大きくし、美術工芸部を万国博的な性質とする、②日本と関係の深い近隣諸国に参加を求め、貿易陳列部を設置する、③万国博は他年を期して開設する、と答申した（途中で開催が三六年に延期された）。明治三四年四月、農商務省は第五回内国博の評議員会を開催し、この答申を検討し、万国博的にする部門を美術工芸に限らず、外国貿易を重視する博覧会にすると決定した（『第三回農商工高等会議速記録』Ⅰ、Ⅲ。『第五回内国勧業博覧会事務報告』上）。

日清戦争勝利により日本が強国に成長したと認識した人々は、その地位に見合った規模の博覧会を開催すべきと考えていたが、その具体的な規模については、大隈の世界博、読売の太平洋博など、さまざまな見解が存在した。ただ一つ共通しているのは、従来の内国博では小さすぎたということであった。

第五回内国博の誘致合戦と協賛会設立

第四回内国博の誘致をめぐっては、京都、大阪、東京が火花を散らしたが、第五回内国博は大阪と東京の一騎打ちとなった。そもそも第四回内国博開催地を閣議決定した際、第五回は大阪開催と申し合わせたはずであったが、東京側はそれを認めなかった。明治三二年二月二〇日の衆議院本会議には大阪開設と東京開設の二つの建議が提出され、これ以後、激しい誘致合戦が繰り広げられた。その様子は『万朝報』に「我田引水の誹《そしり》を免がれず」と批判され、「どうして汽車か汽船の中で博覧会を開設して全国に振り回すという建議案を提出しないのか」と皮肉られる始末であった（『万朝報』二月二三日付）。結局、この誘致合戦は、三月一日の衆議院本会議で決着がつけられることとなり、大阪に賛成の議員は白い玉、反対は黒い玉を投票箱に入れることとなった。その結果、白一二二、黒一〇八で大阪の勝利となったのである（『第一三回帝国議会衆議院議事速記録』三九）。

誘致合戦に勝利した大阪は、明治三三年五月、内国博を盛況に導き、入場者の便宜をはかることを目的として第五回内国博協賛会を設立した。協賛会の業務は案内記編纂、貴賓接待、交通・旅宿整備、近隣府県のイベント開催、学芸・実業大会開催など、第四回内国博協賛会と共通していたが、ただ一つ異なっていたのは明治三三年のパリ万国博を参考にして興行場を設置するという業務が存在していたことである（『大阪商業会議所月報』八六）。

翌三四年一一月から大阪で刊行された第五回内国博の情報誌『博覧会彙報』第一編には、「内国博開設中は国内外からやってくる人のため、その興味を増すような一大趣向がなければならない。京都は天然の風光に富むので、それが観覧人の余興ともなるが、わが大阪のような俗地には格別に見るべきものもないので、この際、おおいに趣向を凝らして観覧人の客足を引かなければならない」と余興の必要性を訴えた。京都のように風光明媚《ふうこうめいび》で有名社寺が多い魅力的な都市でさえ、内国博の入場者数は伸び悩んだのである。第五回内国博を盛会に導こうとする協賛会の人々も、おそらく『博覧会彙報』と同じ見解を持っていたであろう。日本一の商業都市ではあるが、客を誘引する魅力に乏しいと自覚していた大阪の人々は、新たな誘引装置の導入を決意したのである。

協賛会の初代会長をつとめた土居通夫《どいみちお》（大阪商工会議所会頭）は、明治三三年四月、政府からパリ万国博視察の命を受けて渡仏した。土居は六月にパリに到着すると七月まで滞在し、多くの博覧会関係者と交流するとともに、会場では出品物を熱心に観覧し、蠟人形や曲馬などの会場内外の見世物も積極的に観覧した。土居のフランス滞在日記には、あまり感情的な表現は出てこないが、イルミネーションに対しては素直に感動している記述が見受けられる。七月一三日の共和祭（パリ祭）では、「市中、諸所に花火を打ちあげ、博覧会はいうに及ばず、おもなる市街は、ガス、電灯の装飾にて、その美観は目を驚かせた」。また、一〇月八日には、ナポレオン一世の墓参りに行った帰りに地下鉄に乗ったが、「地上に出てきた時は、満月が皓皓《こうこう》として昼より明るく、博覧会場の電灯はセーヌ川に映じて、その美観は言語を絶するものであった」と記している（半井・一九一四）。土居は、日本一の商都・大阪の商工会議所のトップである。彼はパリにおいて鋭い嗅覚で博覧会経営のノウハウを吸収し、パリ万国博を盛り上げるさまざまなイベントや見世物を見て、当然、これを第五回内国博に導入しようと考えたであろう。

入場者の爆発的増加

明治三六年三月一日、大阪市の天王寺において第五回内国博が開場した。「開会」ではなく「開場」である。開会式は天皇臨席のもと四月二〇日に行われた。つまり、天皇不在の場合、空間としての「場」は開かれても、

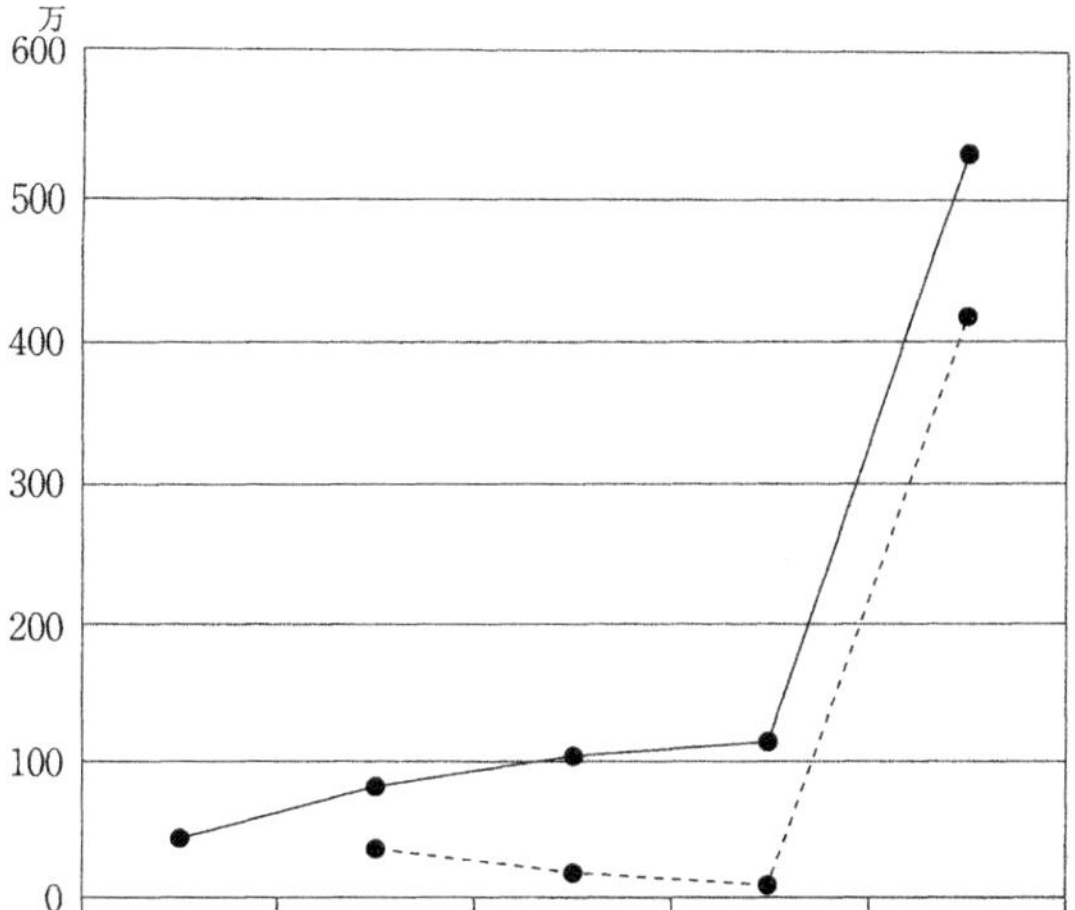

	第1回	第2回	第3回	第4回	第5回
——●—— 入場者数	454,168	822,395	1,023,693	1,136,695	5,305,209
- - -●- - - 増加数		368,227	201,298	113,002	4,168,514

図30　第１～５回内国博の入場者数と増加数

セレモニーとしての「会」は開かれなかったのである。内国博という祝祭を司るのは天皇なのである。

さて、開場式当日は大混雑し、その後も入場者数は順調に伸び、最終的には五三〇万人を突破した。これは第四回内国博入場者の五倍近い数である。図30の実線は入場者数で、第一回から第四回内国博までの微増傾向から、第五回でいきなり跳ね上がっていることがわかる。この激増の要因は、まず第一に、会期中、博覧会の三悪と呼ばれる伝染病、暴風雨、戦争に邪魔されなかったことである。第二に、交通運輸機関などの

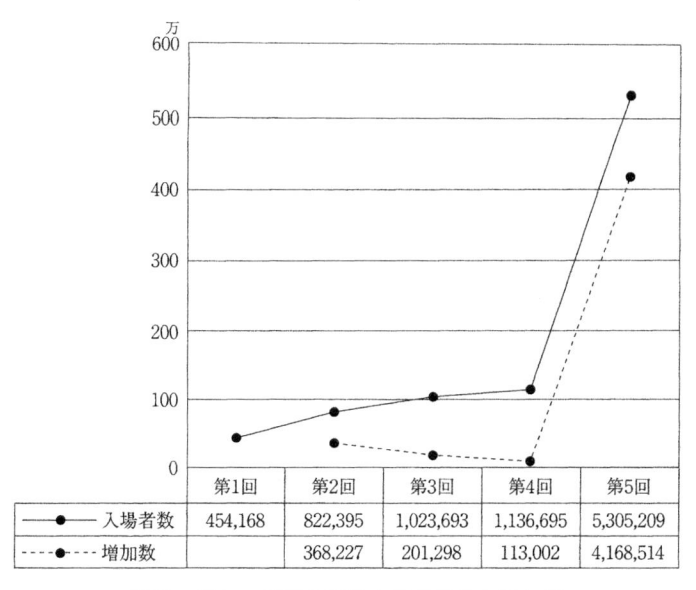

表14　第4～5回内国博の比較

内　訳	第4回	第5回
出品者数	73,781	130,416
出 品 数	169,098	276,719

発展が、博覧会場までの行き来を容易にしたことである。たとえば国鉄と私鉄を合わせた営業キロ数は、第四回内国博開催年の明治二八年には三六八六キロであったが、明治三六年には六九一四キロに倍増した（南・一九六五）。第三は、開催地が日本一の商都ということである。市場としての大きな魅力を持つ大阪での開催は、出品物売却の期待が大きいため出品数が前回より増加し（表14）、これに比例して入場者数も増加したのである。第四は、今回はじめて夜間開場が実施され、その分の入場者数が増加したことである。第五は外国パビリオンがはじめて設置され、客を誘引したことである。第六は台湾館が設置され、はじめての植民地展示が話題を呼んだことである。第七は各種会議を開催したことである。明治二二年パリ万国博から、博覧会の集客力を利用して世界各国の学者、職人などを集めて会議を開くことが始まり、明治三三年パリ万国博では万国会議のために特別館が建設され、一二〇余の会議が開催された。協賛会もこれを模倣して会議を誘致し、教育・農業・商業・銀行・水産・鉄道・鉱業・慈善事業など、一一〇団体の会議が開催された。内国博の集客力を利用して開催された会議が、逆に各地から人を集めることになり、入場者増に貢献したことも事実である（『第五回内国勧業博覧会事務

報告』下)。

そして第八が余興で、これが最も入場者増に貢献したといえよう。図30の破線のように第四回内国博までの入場者の増加数(前回比)は回を追う毎に減少し、頭打ちの状態に近づいていた。これは博覧会自体の魅力が薄れ、一般社会から飽きられてきたことを意味する。この状態を決定的に打開したのが余興であった。最もヒットした余興は協賛会が六月一三日に行なった福引(一等賞は金時計)で、この日の入場者は昼夜合計で一三万人にのぼったのである。

博覧会か遊園地か

第五回内国博で催された余興は、奏楽・花火に加え、不思議館・ウォーターシュート・望遠楼(大林高塔)・メリーゴーランド・曲《きょく》馬《ば》・浪速踊《なにわおどり》・台湾芝居・動物園・薩摩踊・応挙画展覧会・琉球女踊・行列人形・世界一周館・善光寺如来・観音・五百羅漢・百美人写真展覧会・楠公《なんこう》遺物館・赤穂《あこう》義士像・東洋美術展覧会・パノラマ・河内音頭《かわちおんど》・相撲興行・芦辺踊《あしべおどり》・能楽会などがあった(『第五回内国勧業博覧会報告書』)。従来の内国博でも催されていたものから、万国博で探してきたものまで、三〇種の余興が実施されたのである。

会場で最も人気を呼んで収益をあげたのは不思議館で、これは明治三三年のパリ万国博

図31　ウォーターシュート（大阪写真会『第五回内国勧業博覧会』1903年）

で好評を博したPalais de l'Optiqueを模倣した施設である。パリのPalais de l'Optiqueには、観測器・幻灯・X線・望遠鏡の部屋があり、パリ万国博の報告書では「天鏡館」と訳され、博覧会の見世物の中で最も有益なものであると解説されている（『千九百年報告』上）。日本の不思議館でも無線電信・X線・活動大写真などが催されたが、パリ万国博と異なるのは館内でアメリカの女優カーマン・セラによる電気の舞が演じられたことである（図1）。これがたいそう人気を集めた。この舞は①モーニング・グローリー（朝の舞）、②ナイト（夜の舞）、③リリー（百合舞）、④ファイヤ（火の舞）の四幕で、①の舞は、四方黒色に塗られた暗い館内で、カーマン・セラが「黄金の髪を振り乱して天女のように舞い出てきて、裾や袖に映し出した彩色《いろ》電灯は、紅より黄に、黄より碧《みどり》に、碧より紫に、紫より青藍《せいらん》に、暈変幻化《うんへんげんげ》の色を尽して、その美《うるわ》しさは言いようがない、最後に長い袖を収めて筍《たかんな》のように身に巻きまとえば、衣は紫金の光を放って幕は音なく下り来る」というものであった（『風俗画報』）。荒俣《あらまた》宏《ひろし》氏はカーマン・セラの舞について、明治三三年パリ万国博の歓楽地区パリ街で演じられたロイ・フラーのセクシーダンスの模倣であると指摘している（荒俣・二〇〇〇）。つまり、第五回内国博の不思議館では、パリ万国博の科学的施設と、パリ街で興行していた見世物が合体したことになる。

さて、その他の余興を眺めてみると、最も入場者を集めたのは動物園で、当時のほかの動物園では見られないライオンやバクなどが展示された。また、ウォーターシュートは明治三四年のグラスゴー万国博に初登場したが、二年後の第五回内国博に早くも導入されたことになる。スリルで人々を興奮させたが、「ピーガラガラポッチャンで十銭というぼろい口（儲け口）」と批判もされている。大林高塔は大林芳五郎（大林組創業者）が設置した高さ約五〇米《メートル》の塔で、エレベーターが設置され、塔の上から大阪の眺望を楽しませた。メリーゴーランドは、ドイツのワインベルゲル商会が設置し、「無邪気な子供はいうに及ばず、学生から妙齢の女子、髭をたくわえた男まで、木馬に乗れば、蒸気力にて心地よく回転した」（『大阪朝日新聞』五月一三、二〇日、七月二九日付）。

これら、表15に掲げた余興だけで一四〇万人も集めたことになり、第四回内国博の入場者数一一三万人を超えてしまったのである。博覧会の出品物より余興を目当てに入場した客もかなりいたであろう。余興の登場は、入場者数が頭打ちに近づいた内国博の状況を一挙に打開し、目新しさを失いつつあった内国博に新風を吹き込んだのである。しかし、この風が従来の産業奨励会という博覧会像まで吹き飛ばしてしまったことも事実である。特に余興の実施とその圧倒的人気は、日本の内国博の構造を転換させる衝撃的なものであった。この内国博から娯楽性が著しく高まり、現代の遊園地のような博覧会の原型がつくられたのである。

表15　第5回内国博の余興

余興種類	入場者数(人)	収入(円)
動物園	561,772	53,534
不思議館	360,885	65,334
ウォーターシュート	248,387	27,624
大林高塔	113,800	11,380
浪花踊り	96,014	—
メリーゴーランド	13,500	6,750
合計	1,394,358	164,622

夜間開場

明治三三年のパリ万国博で大衆を魅了したイルミネーションを協賛会が見逃すはずがなかった。しかし、夕方に閉場する従来の内国博ではイルミネーションを催しても入場者の増加には貢献しないのである。これを活かすためには夜も博覧会場を開いて、イルミネーションに誘われて集まってくる客を取り込む必要があった。

そこで協賛会は政友会の伊藤徳三を中心として運動を展開した。伊藤らは明治三五年三月七日の衆議院本会議で、夜間開場は博覧会の盛観を増すとともに、昼間働く職工などに観覧の機会を与えるためにも必要であると訴えた。職工の多い大阪にとって特に後者の理由は説得力があろう。議会では特に反対意見もなく了承された（『第一六回帝国議会衆議院議事速記録』二六）。

図32　第５回内国博のイルミネーション（大阪写真会『第五回内国勧業博覧会』1903年）

夜間開場は会期中、六二日実施された。その目玉はもちろんイルミネーションであった。第四回内国博の際にも京都電気鉄道に電飾がつけられるなど小規模なものはあったが、一万一〇〇〇個の電球が装飾された大規模なものははじめてであった。明治三三年パリ万国博の会場内に使用された電灯は二万一七四九個であったので、第五回内国博の関係者が、かなり奮発して電灯を設置したことがわかる。カナダ館やアンドルス・エンド・ジョージ館も電灯を設置して、イルミネーションを盛り上げた（『第五回内国勧業博覧会報告書』下）。

夜間開場初日、イルミネーションが始まると、「暗中に明星の宮殿のみを現出した大美観に、群衆が一時に躍り上り、どよめき合って拍手喝采し、しばらくは恍然として賛嘆する声のみであった」（『大阪朝日新聞』四月二日付）。イルミネーションは入場客に大きな感動を与えたのである。さらに、協賛会は夜間開場を盛り上げるため会場内に演舞場を設置し、大阪遊郭の芸妓《げいぎ》たちに浪花踊を演じさせ、花火を打ちあげた。また、会期途中から不思議館や曲馬も夜間営業を始め、夜は昼に劣らない賑わいを見せた。結局、夜間入場者数だけで五四万五五〇八人にのぼり、第一回内国博（会期一〇二日）の入場者数四五万四一六八人を軽く超えてしまったのである（『第五回内国勧業博覧会事務報告』下）。

外国のパビリオン

第三回内国博では参考館が建設され、政府がパリ万国博で購入した物を陳列した。第五回内国博でも参考館が建設されたが、ここには外国の政府や企業が自主的に出品した。明治三二年の改正条約施行により、外国人招致の障害が解消されていたのである。当初、農商務省は参考館の面積を三〇〇〇坪と見積もったが、出品勧誘を始めると、これではとても足りなくなり、当初の六倍の一七五〇〇坪に増床した。しかし、これでも各国の要求に応えることができず、表16のように六つのパビリオンが建設されることとなった。結局、第五回内国博は一四ヵ国一八地域が参加し、小さな万国博の様相を呈したのである。

外国パビリオンの中でも最も大きかったのはカナダ館であった。小麦を主要産物とするカナダは、一九世紀末の小麦粉の世界価格の上昇により好景気にわきかえっていた。カナダ政府はこの余勢を駆り、日本におけるパン需要の将来的な増加を見込んで小麦粉を売り込んできたのである。館内ではパン製造を実演して無料配布したため大混雑し、途中から無料配布をやめて販売に切り替えられるほどであった。

表16　第5回内国博の外国独立館

館　　名	国　名
1.カナダ館	カナダ(英領)
2.アンドルス・エンド・ジョージ館	アメリカ
3.ホーン館	アメリカ
4.ヘルラー館	オーストリア
5.マフェー館	ドイツ
6.ワインベルゲル館	ドイツ

その他のパビリオンは各国の企業が中心となって自国の業者をとりまとめて展示した。たとえばアンドルス・エンド・ジョージ合名会社は自国の三一社をとりまとめてパビリオンを建設した。館の中央には自動ピアノを設置し、自転車・時計・金庫・ゴム・タイプライター・エンジン・計算機・蓄音機・酒類などを展示した。キクト

図33　アンドルス・エンド・ジョージ館
（大阪写真会『第五回内国勧業博覧会』1903年）

ル・ヘルラー兄弟商会はオーストリア政府の援助を受けてパビリオンを設置し、七〇社をとりまとめて印刷機・製本機・各種ポンプほか、機械類を中心に展示した。ヨット・アー・マフェー機関車製造会社はマフェー館を設置して蒸気機関車を展示した。マフェー館以外は、複数の企業による合同展示であり、日本人に対し、企業が国を代表して博覧会出品を行うという方法を教示したのである（『第五回内国勧業博覧会事務報告』上）。

台湾館

第五回内国博は、日清戦争後、初の内国博となるので、政府は戦勝の成果として台湾展示を行い国威を発揚しようとした。館内では特産品として、茶・樟脳・砂糖などを陳列するとともに、室内装飾を台湾風にアレンジした台湾料理店をオープンした。台湾館は異国情緒あふれるパビリオンとして人気を博したのである。

ただし、台湾統治機関である台湾総督府の展示のねらいは、政府と齟齬《そご》するところがあった。総督府民政長官の後藤新平は積極的に台湾経営を進めていたが、そのための法案（台湾事業公債法など）が満足のいくかたちで議会を通過しないことがあった。後藤はこの原因を国内の政治勢力が台湾事情を十分に認識していないためであると考えた。そこで台湾館を設置し、「新領土の真相を世人に紹介」して、その無理解を是正しようとしたのである（『台湾館』）。

さらに総督府は、台湾の人々に内国博を観覧させ、帰台後、日本の産業発展を台湾に伝えさせようとした。三月に会場を訪れた台湾国語学校生徒二〇七名の中には、新聞の取材に対し、「内地と比べて台湾の文明が遅れている事情は今度の旅行により詳しくわかりました。私どもは台湾人のために微力を揮《ふる》って、彼等を文明の光に浴させようと心に期しております」と、総督府の期待通りの発言をした者もいた（『大阪朝日新聞』三月一五日付）。

台湾館は日清戦争の成果としての新領土紹介、日本人の台湾に対する無理解を是正、来日した台湾の人々を通して日本の産業発展を台湾に伝えるという三つのねらいがあった。

第五回内国博の名誉賞

さて、本来、博覧会の主役は出品物である。ここまではその主役が余興に交代したことについて述べてきた。しかし、昔日の主役も、もちろん健在であった。第五回内国博では出品物は①農業・園芸、②林業、③水産、④

採鉱・冶金《やきん》、⑤化学工業、⑥染織工業、⑦製作工業、⑧機械、⑨教育・学術・衛生・経済、⑩美術・美術工芸の一〇部に分類された。分類数が増えたのは第四回内国博で第一部であった工業部門が、第五回内国博では⑤化学、⑥染織、⑦製作に三分類されたためである。この⑤〜⑦の出品数合計は一五万二二三二点で、第四回の工業出品数（九万三八三四点）より六万点も増加した。また⑧機械の出品数は四六二二点で、第四回（五一〇点）の九倍も増加した。日本の工業化の進展が出品分類の増加と、出品数の増加というかたちであらわれたのである（『第五回内国勧業博覧会事務報告』上）。

第五回内国博の褒賞は名誉金牌・銀牌、一〜三等、褒状、協賛賞が用意された（『第五回内国勧業博覧会受賞人名録』）。最高賞の名誉金牌は第四回内国博の五名から二四名に急増した（表17）。特に鉱山や造船、運輸業の受賞が目立っており、最も受賞が多かったのは④鉱業・採炭で、古河の足尾銅山、藤田の小坂鉱山、三菱の高島炭鉱、北海道炭礦鉄道会社（三井系）の夕張炭鉱、三井の三池炭鉱、住友の別子《べっし》銅山など、日本を代表する鉱山からの出品である。古河潤吉は古河市兵衛の養子で、市兵衛死後、足尾銅山の経営を引き継いでいた。古河の授賞理由は鉱業の発展、特に足尾において巨額の銅を採掘して海外輸出に貢献したということであった。また、住友吉左衛門は別子銅山の経営に対する授賞であ

表17　第５回内国博の名誉金牌受賞者

部	受賞者（府県）		出品
1	養蚕改良・高山社	（群馬）	高山社養蚕方案・統計表
	競進社	（埼玉）	養蚕改良法案
	防長米同業組合	（山口）	防長米同業組合業務成績
	日本製茶輸出株式会社	（兵庫）	再製茶
2	土井八郎兵衛	（三重）	林業の方法
4	古河潤吉	（東京）	金属鉱業・製煉
	藤田合名会社	（大阪）	金属鉱業・製煉
	三菱合資会社	（東京）	鉱業・製煉
	北海道炭礦鉄道株式会社	（北海道）	採炭事業
	三井鉱山合名会社	（東京）	採炭事業
	住友吉左衛門	（大阪）	別子銅山
6	郡是製糸株式会社	（京都）	生糸
	三全社	（長野）	生糸
	京都織物株式会社	（京都）	絹織・交織物各種
	飯田新七	（京都）	染織物・刺繡各種
	鐘淵紡績株式会社兵庫支店	（兵庫）	綿糸
8	株式会社川崎造船所	（兵庫）	造船事業
	三菱合資会社三菱造船所	（長崎）	造船事業
	三井鉱山合名会社芝浦製作所	（東京）	機械及電気製作事業
9	福井県絹織物同業組合	（福井）	羽二重産額高低表外２点
	日本郵船株式会社	（東京）	航海事業
	日本鉄道株式会社	（東京）	鉄道運輸事業
	山陽鉄道株式会社	（兵庫）	鉄道運輸事業
	九州鉄道株式会社	（福岡）	鉄道運輸事業

ったが、その理由は、先祖以来、鉱業に従事し、盛大をはかって毎年産額を増して海外市場に声価を博したということである。

次に受賞が多いのが⑨教育・学術・衛生・経済の経済部門である。鉄道運輸事業では日本鉄道株式会社、山陽鉄道株式会社、九州鉄道株式会社の三者が受賞した。日本鉄道の授賞理由は、日本最初の私鉄として業務拡張をはかり、日本最大の鉄道会社として運輸交通に役立ち、日清戦争では軍隊輸送を担当したことであった。山陽、九州鉄道は当該地域の運輸と軍隊輸送の貢献が賞された。航海事業で受賞した日本郵船株式会社も、日清戦争で「帝国空前の大輸送」を行なったことが評価されたほか、内国海運業の進歩に貢献するとともに、巨大船舶を建造して外国人の手中にあった海外航海権を日本に帰したこと、海員を養成したことなどが評価ポイントとなった。

⑥染織工業からは、郡是《ぐんぜ》製糸株式会社（現・グンゼ株式会社）の生糸《きいと》が優良で世間の需要に適し、名声を内外に耀かしたことが評価されたほか、飯田新七（高島屋創業者）が、海外直輸出の道を開いて世界の要地に支店を設置し販売につとめたこと、鐘淵《かねがぶち》紡績株式会社（現・クラシエホールディングス株式会社）が、糸質精良、産額最大で販路も内外にわたり、その成績が良好である点が評価されて受賞した。

⑧の機械では、第四回内国博では日清戦争のために出品できなかった造船所が奮って出品した。三菱造船所の授賞理由は、最新機械を整備し、ドックを増設して大型船舶を建造し、これらの船が欧米航路に運用され、性能もよく内外に名声を発揚したこと、外国の優等造船所と比較しても遜色がないこと、学校を設置して職工養成につとめたこと等々、造船事業全般にわたっていた。川崎造船所の授賞理由も造船業全般にわたる貢献であった。

第五回内国博の名誉金牌受賞者は、国内産業発展に貢献したことは当然であるが、鉱業や製糸業では輸出に貢献して名声を海外に発揚したこと、運輸関係では日清戦争に貢献したことが評価ポイントとなった。

第五回内国博は空前の大当たりとなり、五三〇万の人々が入場した。遊園地と見紛《みまが》うほどの博覧会に変貌したが、出品物には明治初期以来の産業育成、奨励政策の成果が表出していた。日本の産業は、その奨励会である内国博とともに着実に進歩してきたのである。

万国博構想の挫折と内国博の終焉

日露戦争と万国博

内国博は回を重ねるごとに拡大し、将来的には万国博の開催がめざされてきた。第五回内国博では外国人の出品誘致が成功し、万国博へのステップアップが現実味を帯びてきたのである。明治三六年（一九〇三）四月二九日、第五回内国博で審査部長をつとめた田中芳男は「第六回は、是非、世界的博覧会を開かないわけにはいかない」と述べ、東京湾を埋立てて会場にすることを提案した（『第五回内国勧業博覧会東京出品聯合会報告』）。

このような万国博の話題は明治三七年に日露戦争が勃発すると一時的に影を潜めたが、翌年五月、日本海海戦に勝利した日本がアメリカ大統領ルーズベルトに講和斡旋を依頼すると、早速、農商務大臣清浦奎吾《きようらけいご》が、平和の回復後に万国博を開催する案を閣議に提出した。ところが、一〇月にポーツマス条約が批准されて平和が回復すると、清浦は急にトーンダウンし、桂太郎首相に対して「現今の場合、万国博覧会とすべきか、または内国勧業博覧会として、その一部を万国的組織とするか、あるいは純然たる内国勧業博覧会とすべきか、入念に調査したい」と申し入れた。そして、調査のためにひとまず第六回内国博を延期する旨を伝えた。突然のトーンダウンの原因は、ポーツマス講和会議でロシアから賠償金がとれなかったことである（古川・一九九八）。賠償金をあてにした万国博開催案は、あっという間に水泡に帰したのである。

明治三九年三月三日の第二二議会において、政友倶楽部の竹内正志、政友会の森本駿らが、日露戦役を記念とした万国博覧会開設の建議案を提出した。三月一三日、この案は可決して博覧会開設臨時調査会が設置された。その調査の結果、同年七月二三日に次回開設する博覧会の名称は「日本大博覧会」（以下、日本大博と略記）で、万国博と内国博の中間規模の博覧会とし、明治四五年に東京で開設し、経費は一〇〇〇万円とすることが決定された。日本にはまだ万国博を実行する国力はないと判断されたのである。

明治四一年六月に日本大博の諸規則類が発布され、開催地は青山、面積は三五万坪、そこに一六のパビリオンが建設されることとなった。参加招請国は二八ヵ国で、外国のパビリオン建設も可能とした。ところが、このわずか二ヵ月後の八月、財政難のため明治五〇年（大正六）まで延期することが決定されたのである。

伴直之助《ばんなおのすけ》（経済評論家）は、『東京経済雑誌』（一八九九）で、日本大博は日清戦争の勝利に酔って歓喜のあまり、財政状態や貿易収支などを顧みることなく、「児戯的意思の発動」によって大袈裟に計画されたと論難した。さらに、印刷や写真技術の発展にともない、商工の見本や目録、雑誌などが広く頒布されるようになり、居ながらにして最新の発明に接することができるようになったので、博覧会は今後の文明国には不必要であると主張した。

伴の意見が発表された明治四四年一一月、西園寺《さいおんじ》内閣は、日本大博にその必要性を認めず、「不急の事業」として中止を決定したのである。

日露戦争の戦費は一七億円を超え、その半分は外債によってまかなわれていた。日露戦後経営は、この巨額債務の処理という難題を抱えてスタートしたのである。さらに明治四〇年からは貿易収支が悪化し、翌四一年には世界恐慌の煽りを受け、銀貨が暴落して金融は閉塞し、企業破綻が続出した。戦争勝利の酔いから醒めた政府は、拡大を続ける博覧会を開設する体力と気力が残っていないことに気づいたのである。伴のいう通り、博覧会は過去の遺物となってしまうのだろうか。

東京勧業博覧会

政府や議会が日本大博の調査にもたついている間に、東京府は独自の博覧会の開催に向け淡々と準備を進め、明治四〇年三月二〇日から七月三一日まで東京勧業博覧会を開催した。会場は三ヵ所に分けられ、第一会場（上野公園）には第一〜第五号館・美術館・農業別館・蔬菜館・動物舎など、第二会場（不忍池）には機械館・外国製品館・台湾館・車両館など、第三会場（帝室博物館西）には体育館が設置された。

表18　第５回内国博と東京勧業博

内　訳	第５回	東京勧業
会期(日数)	153	134
出品者数	130,416	14,876
出 品 数	276,719	93,854
入場者数	5,305,209	3,424,323

表18に東京勧業博と第五回内国博の諸数値を掲げた。出品者数と出品数が第五回内国博に比してかなり少ないように見えるが、これは本会の出品が、原則として東京府民が採取・産出・製造・案出したもの、または他府県民・在留外国人が東京府下で採取・産出・製造したものに限られたからである。それでも出品者は第一回内国博と同等で、出品数は第二回内国博と同等である。会期が第五回内国博より短いにもかかわらず入場者は三四二万人と健闘した。相変わ

らず梅雨時と農繁期の入場者は少なかったようであるが、東京勧業博の協賛会が準備した集客策が功を奏したようである。この協賛会では第五回内国博で一三万人もの人を集めた福引を取り入れ、会期中、五回も行い、最も多い日で一八万人を集めた。

もちろん夜間開場も実施された。第五回内国博では昼間に働く職工などのために夜間も開館するという大義名分があったが、東京勧業博では「博覧会の光彩を添えるのみならず、収入を増加する一方法である」と、増収策であると明言した。イルミネーションには電灯とガス灯が使用され、意匠を凝らして場内が一つの楽園となるよう装飾されたのである（『東京勧業博覧会事務報告』下）。

明治四〇年に朝日新聞社に入社した夏目漱石《なつめそうせき》は、この時、『虞美人草《ぐびじんそう》』を執筆中で、早速、このイルミネーションを小説に取り入れ、登場人物の藤尾に、「夜の世界は昼の世界より美しい事」といわせている。また、不忍池畔《しのばずちはん》に設営された台湾館については次のように描写した。

「あれが台湾館なの」と何気なき糸子は水を横切って指を点《さ》す。

「あの一番右の前へ出ているのがそうだ。あれが一番善《よ》く出来ている。ねぇ甲野さん」

図34　東京勧業博覧会の夜景「東京勧業博覧会（第二会場）台湾館及機械館」（江戸東京博物館所蔵，Image：東京都歴史文化財団イメージアーカイブ）

「夜見ると」甲野さんがすぐ但書を附け加えた。
「ねえ、糸公、まるで竜宮のようだろう」
「本当に竜宮ね」

夜に見ると一番よくできているように見える台湾館は、まるで竜宮のようであった（図34右）。このイルミネーションを目当てに東西南北から電車で上野に集まる者が引きも切らず、黄昏時《たそがれどき》より上野に到着する電車は、いずれも満員札を掲げないものはないほど混雑したという。夜間開場は三八日実施され、八九万人もの人を集めた。

東京府という地方自治体が企画した博覧会であるが、開会式において農商務大臣松岡康毅《まつおかやすたけ》が述べたように「既往の内国勧業博覧会と比較しても、優るとも劣らない」博覧会であった。東京勧業博は東京府内の産業奨励を目的としていたため、当初、外国製品の陳列館の建設は計画していなかったが、出品を希望する外国人が多かったため、急遽、建設されることとなった。この結果、イギリス、アメリカ、フランス、ドイツ、スイス、ロシア、スウェーデンの企業から一万〇四二一点の出品があった（『東京勧業博覧会事務報告』上）。これら外国の出品も第五回内国博と比較して全く遜色がない。明治四〇年には、内国博レベルの博覧会であれば、政府でなくとも地方自治体が開催できるようになっていたのである。

内国博は興行ゴト

本書では福沢諭吉《ふくざわゆきち》・大隈重信《おおくましげのぶ》・大久保利通《おおくぼとしみち》・松方正義《まつかたまさよし》ら、日本近代史を語る上では欠かすことのできない人々が登場し、いずれも博覧会に深く関わっていたことを述べてきた。しかし、もう一人、超大物が登場していない。それは伊藤博文《いとうひろぶみ》である。伊藤は大久保暗殺後の内務省を引き継ぎ、明治四二年に暗殺されるまで、明治国家運営の中心人物であった。その伊藤は大久保の遺志を継ぎながらも、内国博に対しては冷淡であった。明治二五年に第四回内国博の誘致運動に奔走していた大阪商業会議所から協力を求められた伊藤首相は、「あなたたちは博覧会を重要視しすぎている。内国博はこれまでの経験から、その効果が著大であると思えないので、私はこれを一時の奨励事業とみなし、もう少し軽く見れば、あたかも一つの興行ゴトに等しい」と語った。ちなみに星亨《ほしとおる》（衆議院議長）も同じ時期に「内国博はそれほど国家に利益あるものとは思われない、（中略）現今はむしろ勧業共進会を奨励」するべきと語った（『大阪商業会議所月報』三）。伊藤や星のように内国博に利益を見いださない人々も数多く存在したはずである。

また、博覧会と同じような機能を持った催しが登場したことにより、博覧会の価値が下がったとも考えられる。その催しとは星が奨励対象にあげた共進会である。明治一二年にフランスで開催されていたコンクールを模倣し、横浜で日本初の共進会である製茶共進会が開催された。共進会は地域や出品種類を限定して開設されるので、小規模で運営費が低く、村単位でも開催が可能であり、このため各地で盛んに開催されるようになった。星亨は勧業政策として地方に根付いて有効に機能している共進会の方に価値を見ていたのである。

もう一つ博覧会と同様の機能を持った施設に商品陳列所（物品陳列所）がある。これは第一回内国博終了後、売れ残った出品物を販売するために設置されたことから始まり、その後は府県の共進会の開設を契機として設置される場合が多かった。明治二三年に大阪府が設置した商品陳列所は大規模なもので、外務省と農商務省の協力を得て輸出入業者の参考として国内外の商品見本を陳列し、さらに荷造法の改善や内外商品売買の斡旋なども行なった。二九年に農商務省が貿易品陳列館（翌年、商品陳列館と改称）を設置すると、明治三〇年代には各地で商品陳列所が設立されるようになり、四二年には全国陳列所協議会が設置された。このように勧業上、有益な品々を陳列する常設館が各地に誕生したことにより、内国博が持つ産業奨励という機能の必要性が薄れてしまったのである。

内国博は第五回を最後に開催されなくなってしまった。明治一〇年、大久保利通は急務の事業として内国博を開設した。そして明治四四年、西園寺公望内閣は不急の事業として日本大博を中止した。内国博はこの三五年の間に政策としての重要性が低下したのである。その理由をまとめると以下のようになる。

① 政府でなくともほかに大規模な博覧会を開催できる自治体が出現した。
② 遊園地化、お祭り化した博覧会に国費を注ぐ価値がなくなった。
③ 出版、写真などの進歩により、博覧会で最新技術を学ぶ必要がなくなった。
④ 各府県下で共進会や物品陳列所が開設され、内国博の役割が薄れた。

明治政府は博覧会を主催することをやめ、今後は地方自治体や企業が主体となって博覧会を開催していくこととなった。自治体や企業が成長した証でもある。

博覧会は勧業政策として期待されなくなった結果、地域を潤すイベントとしての役割がより期待されるようになり、その遊園地化はますます進んでいくのである。

明治時代と博覧会——エピローグ

東京府は、東京勧業博覧会に続いて大正三年（一九一四）に東京大正博覧会、一一年には平和記念東京博覧会を開催した。明治六年（一八七三）に政府がはじめて万国博に参加してから五〇年目に開催された平和記念東京博覧会は、どのような博覧会であったのだろうか。この博覧会を見学した宮本百合子《みやもとゆりこ》は、その感想を『婦人公論』から求められ、「建物からいっては、決して感じよい建築とは思えません。モダーンなのはよいが、もう少し、外国雑誌の写真の、皮相的模倣以外に出られなかったものでしょうか」と答えている（『宮本百合子著作集』一七）。アメリカに遊学した経験のある宮本だけに手厳しい評価である。明治六年のウィーン万国博から、西洋のマネをして日本固有の風趣を失うことがないように警鐘を鳴らされてきたが、大正時代になっても西洋の皮相的な模倣は、とどまることなく続けられていたのである。

近代の称揚と未来の提示

社会学者のデヴィッド・ハーヴェイは、フランスの第二帝政（一八五二〜七〇年）における万国博が「近代の誕生を直接的に称揚しようとした」と述べている（ハーヴェイ・二〇〇六）。日本の内国博もハーヴェイの指摘にあてはまるが、より正確にいうなら、「近代の誕生」というよりも「西洋からやってきた近代」を称揚したのである。

内国博は先進技術を駆使した欧米諸国の製品を展示し、その真似を奨励した。展示された製品から想起される欧米の姿は、これから進むべき方向であり、日本の未来像でもあった。内国博とは日本国民に未来像を提示し、文明国の民となるために導く伝道師であった。

しかし、この伝道師は、来るべき未来像を提示するだけではなく、過去からの変革、または決別も迫ったのである。たとえば江戸時代、円滑に進まなかった地域間交流は明治維新により開放され、地方に埋もれていた技術者や、個人の中に秘められていた技術は内国博により公開された。また、明治政府は町や村の人々に対して国民としての自覚を持って生きることを求めたが、内国博ではそれらの人々に対し、府県別展示により国家領域を認識させ、その統括者が天皇であるということを示した。つまり、「個」から「公」への変革を迫る伝道師、それが内国博なのであった。

博覧会とは何なのか

ここで本書のはじめに設定した「博覧会とは何なのか」という問いに答えてみようと思う。といっても博覧会を一言であらわすことは困難なので、博覧会の持つ多様な性格について解説する。

①博覧会とはコンクールである。

数多くの品物を一堂に集め、その優劣を競わせ、優れたモノには褒賞を与える競技会で、技術改良を促し、優品製作を奨励する場である。明治政府の政策をアメとムチに二分するとすれば博覧会政策はアメであろう。政府は出品者、入場者たちを鼓舞奨励し、富国を実現しようとしたのである。

②博覧会とは商品見本市である。

多数の出品者が数多くの出品を並べて購入希望者と売買契約を結ぶ場である。これが市場と異なるところは、その場で売却されるのではなく、あくまでも契約にとどまるところである。商品は博覧会場の中にあっては展示品（見本）であり、会期中に売却されると展示品がなくなり、博覧会が成立しなくなってしまうからである（会期終了後に売却される）。また博覧会は世間から注目されるため、出品陳列には宣伝効果、販売促進効果がある。

③博覧会とは事物教育の場である。

博覧会主催者が、国民に教えたいこと、伝えたいことを、展示品を活用して視覚に訴え、わかりやすく教え導く場である。また、その国がめざす未来像を提示する場ともいえよう。

④博覧会とは見世物である。

明治政府は第一回内国博が見世物ではないことを強調した。しかし、観覧する人々にとって博覧会は見世物にみえた。幕臣の田辺太一は慶応三年（一八六七）パリ万国博の第一印象として「博覧会は非常に盛大の催事と思っていたが、大きな開帳場のようなもの」と記し（『徳川昭武幕末滞欧日記』）、明治三三年パリ万国博を訪れた箕作元八《みつくりげんぱち》は、いたるところ見世物的で浅草奥山と同じであると感じた。いくら明治政府が内国博の娯楽性を否定しようとしても、本家の万国博は立派な見世物なのであった。明治政府の博覧会委員は、一九〇〇年パリ万国博において見世物に誘引されて集まった莫大な数の人々が、博覧会を経済的に潤すところを目の当たりにして見世物の必要性を痛感し、これを公認したのである。そして、その後の第五回内国博では見世物を博覧会の中に大量に取り込むことにより集客に成功した。そして第五回内国博は、明治政府（主催者）、観覧客の双方が認める見世物となったのである。

⑤博覧会とは祝祭である。

祝祭とは、何かあることを祝う祭りであり、本来、博覧会と同一ではない。しかし、博覧会、または祝祭の主催者は、この二つの行事を同時に開催して、それらの相乗効果を期待するのである。期待されるのは主に入場者増である。

博覧会が博物館や商品陳列所と異なるところは会期が存在することであり、博覧会は日常的ではないイベントである。また、博覧会という空間には最新技術を駆使した機械や見たことのない鉱物など、まだ世間に普及していないモノ＝まだ日常的とはなっていないモノが並べられる。このように博覧会は時間的、空間的、物質的に見ても非日常的な性質を有しているのである。祝祭も非日常的な行事である。つまり、博覧会と祝祭は非日常的性質を通有しているため、お互い何の拒絶反応もなく容易に融合してしまうのである。たとえば、大規模な国家イベントである万国博や内国博は、しばしば国家祭典と融合される。この場合、両者の相乗効果により大勢の人が訪れ、会場は賑やかになり、この雰囲気の中、博覧会としては国民に対して知らず知らずのうちに事物教育を施すことができ、国家祭典としては国民に対して知らず知らずのうちに国家や国王による支配の正統性を伝えることができるのである。

博覧会と祝祭は簡単に結びつくため、博覧会そのものが祝祭に見えてしまうのである。

⑥博覧会とは戦争である。

最初の博覧会である一七九八年フランス内国博は、イギリス製品排撃を目的とした戦争的博覧会で、一八七三年ウィーン万国博をみた岩倉使節団は、これを「太平の戦争」と捉えた。つまり、万国博は産業戦争であった。しかし、近代兵器の展示に関しては、クルップ社が大砲を威圧的にずらりと並べ、あたかも本当の戦場のような印象を与えることもあった。また博覧会は戦争で分捕ったモノを公開して、国家の威厳を高める場でもあった。万国博では分捕った領土＝植民地が積極的に展示され、日本の第五回内国博においても台湾が展示された。博覧会は戦争成果展覧会でもあった。

⑦博覧会とは平和である。

博覧会は国威発揚の場ではあるが、発揚の仕方には細心の注意を払わなければならなかった。博覧会の展示は意外とデリケートなのである。たとえば、フィラデルフィア万国博におけるクルップ社の大砲展示は他の平和的展示の中で異彩を放ち、「キリングマシーン」と評されて顰蹙《ひんしゅく》を買った。また、金子堅太郎は日清戦後のパリ万国博において顰蹙を買わないように、出品者に対し、清国軍が敗北した光景を描いた絵画などを出品しないように諭した。文明国の祭典としての博覧会の基本は、たとえ表面的であっても「平和」であり、その空気を読めない自己主張はマナー違反となるのである。

最後に博覧会をヒントに、近代日本の西洋化について考察してみたい。

博覧会と西洋文明

菊池武夫の明治九年（一八七六）フィラデルフィア万国博見学日記には、「今まで夷狄《いてき》と思っていた人が、文明の親方であると気づき、胆を潰《つぶ》す」という文章がある。明治維新まで夷狄＝野蛮として蔑視していた欧米人が、実は文明国の先達《せんだつ》であったのだ。明治維新はこういった価値観を逆転させる変革であった。それでは、今まで見下してきた欧米が日本より上に位置されたとすれば、日本の立ち位置はどこになったのだろうか。

明治八年に発行された『文明論之概略』の著者、福沢諭吉は、世界の通説として「ヨーロッパ諸国、ならびにアメリカ合衆国を以て最上の文明国となし、トルコ、支那、日本等、アジアの諸国をもって半開の国と称し、アフリカ及びオーストラリア等を野蛮の国と言う」と解説した。つまり、日本は〈文明〉―〈半開〉―〈野蛮〉という三つの序列の中間に位置していた。もちろん、めざすは文明国である。では文明国に列するにはどうしたら良いのだろうか。文明国＝「欧米列強」の仲間に入るためには、文字通り強くなることである。それは特に軍事力、経済力で強国となることである。前者は戦争に勝つことであり、植民地を得ることでもあった。後者は産業を奨励して富国になることであった。それはそのまま明治政府のスローガン「富国強兵」にあらわれていたのである。

次に、日本が文明国と肩を並べたのはいつであろうか。この指標となったのが対等条約と日清戦争勝利であったことは前述した。しかし、最上の文明国、一等国の仲間入りを果たしたと自覚したのは日露戦後であろう。ロシアという西洋国の一員に勝利して、はじめて西洋の一等国と肩を並べたと実感したのである。夏目漱石の『それから』の主人公、長井代助は友人の平岡常次郎に次のように語った（『漱石全集』四）。

（前略）日本は西洋から借金でもしなければ、到底立ち行かない国だ。それでいて、一等国を以て任じている。そうして、無理にも一等国の仲間入をしようとする。だから、あらゆる方面に向って、奥行を削って、一等国だけの間口を張っちまった。なまじい張れるから、なお悲惨なものだ。牛と競争をする蛙と同じ事で、もう君、腹が裂けるよ。

奥行のない、表口だけの一等国、それが日本であった。大隈重信でさえ、「とにかく、外見上には一等国の列に加わった」が、「実力の上ではまだ日本は一等国どころではない、真の一等国は今なお英、独、露、米の四ヵ国に過ぎぬ」と述べていた（『国民教育論』）。皮相だけの一等国、それが日本であった。

西洋化を推進した日本であったが、もちろん、西洋になることはできなかった。宮本百合子が平和記念東京博覧会において指摘した、西洋を皮相的に模倣した感じのよくない建物、この垢抜けない建物こそ、西洋になりきれない日本をよく示していたのである。見方を変えれば、日本独自の西洋化ともいえるのであるが……。

本書では明治社会の中で博覧会の変貌を分析する際に、西洋文明の導入に視点を置いたため、西洋化ばかりに目をとられてしまった嫌いが強い。明治時代には西洋に追随する人々が多数存在したが、日本の風土で暖められてきた在来的な物や心を大切に育てようとした人も数多く存在したことを忘れてはならない。

明治政府は内国博などを使って西洋化を推進したが、それがあまりにも性急な政策であったため、その変化は表層部にとどまり、基層部まで到達しなかったのかもしれない。それとも基層部が強烈な個性を持っていたために西洋化をはねのけたのかもしれない。あるいは、基層部まで浸透したが表層部からは見えないのかもしれない。

最後に、日本を愛した小泉《こいずみ》八雲《やくも》の鋭意な感覚で見た西洋化を記して、本書を結ぶこととしたい（『日本の心』）。

（前略）虫の声一つあれば優美で繊細な空想を次々に呼びおこすことが出来る国民から、たしかに私たち西洋人は学ぶべきものがある。機械の分野ではそういった国民の師であることを、全て人工的に醜く変えてしまうことでは教師であることを、私たちは誇ってよいだろう。だが、自然を知るということにかけては、大地のよろこびと美とを感じるということにかけては、いにしえのギリシャ人のごとく、日本人は私たちをはるかにしのいでいる。しかし、西洋人が驚いて後悔しながら自分たちが破壊したものの魅力をわかり始めるのは、今日明日のことではなく、先の見えない猪突猛進的な産業化が日本の人々の楽園を駄目にしてしまったとき、つまり美のかわりに実用的なもの、月並なもの、品のないもの、全く醜悪なもの、こういったものをいたるところで用いたときのことになるのだろう。

あとがき

本書では、博覧会の閉会後、跡地がどのように利用されたのか語らなかった。内国勧業博覧会が開催された場所は、現在、いずれも特徴のある地域として存在している。東京の上野は公園に、京都は岡崎公園と平安神宮に、大阪は天王寺公園と新世界になっている。

先年、この三つの地域を歩いてみたが、東京、京都、大阪の内国博にかけた思いが、脈々と伝わってくるようであった。上野はロンドンのサウスケンジントン地区を模倣したため、博物館、美術館、動物園が集まる一大・文化センターとなっている。京都は内国博が桓武天皇遷都一一〇〇年紀念祭との同時開催として計画されたため、公園と神の領域が併設されている。大阪は内国博がパリ万国博を参考にしたためか、公園と歓楽街が併設されている（初代の通天閣はエッフェル塔を模したそうだ。現在は二代目だという）。三つの地域は公園となって動物園や美術館などが設置されたことは共通するが、それ以外は、それぞれ異なった雰囲気を醸し出している。内国博の跡地は、当初の開催コンセプトとその周辺の土地柄とが結びつき、現在のような特徴のある地域に成長したようである。

博覧会の開催により新たな方向性を与えられた会場跡地については、いずれ詳しく調査する必要があろう。

さて、二〇〇五年に前著『博覧会の時代』を刊行してから五年という月日が経とうとしている。この間、私にとって二つの大きな変化があった。一つは職場であった東京都立短期大学が廃学したことである。愛着があった職場なので誠に悲しい出来事であった。廃学後、私は首都大学東京に流れていくこととなり、この大学の史学科（この大学では歴史・考古学分野と呼ぶ）の仲間に入れていただいた。流れ者の私に対して史学科の皆さんは、当初から大変暖かく接してくださり、そのお蔭で特に不安を抱くこともなく研究・教育を続けることができた。また、二〇〇八年度には博覧会の歴史について講義し、学生から有意義な意見を聞くことができた。この講義が本書の土台となっている。さらに、二〇〇九年度の上半期にはサバティカルを取得することを許していただいた。本書はこのサバティカルの成果である。

二つめの大きな変化は、前著刊行直前に長男が誕生し、その二年後に長女が誕生したことである。私は研究者になってから、ペースを乱さず淡々と生活してきたが、こんなペースなど子供たちに簡単に粉砕されてしまった。子供は偉大である。あっちでギャー、こっちでジャーと不測の事態を繰り広げてくれる子供たちに翻弄されながらも、なんとか研究生活を続けることができたのは、義父母の献身的な育児援助のおかげである。もしこの援助がなければ本書の完成はかなり遅れていたことであろう。

育児に奮闘しながらも、常日頃、二〇年来続けてきた博覧会研究の成果を一般の読者向けに書き下ろしたいと考えていた。すると幸運にも吉川弘文館の一寸木紀夫氏から執筆のお誘いを受けた。これは非常に嬉しかった。また、本書の編集では同社の並木隆氏のお世話になった。両氏に深く謝意を表する次第である。

二〇一〇年四月

國　雄　行

史料・参考文献（史料については本文中の註記のみではわかりにくいものを記した。参考文献は論旨に直接関係する文献に限り掲載した）

【史　料】

「日本鉄道延線論」杉山輯吉（『工学叢誌』一三、工学会事務所、一八八二年〈復刻版、雄松堂、一九八三〉）
「日本美談」前田正名（『明治文化全集』一二、吉野作造編、日本評論社、一九二八年）
「冬ぼたん」（鈴木勝忠校訂『享保京都会所本集』雑俳集成第一期五、東洋書院、一九八五年）
「仏国於テ博覧会ノ節費金不足ノ分御渡方伺」（『公文録』一八七五年二月、外務省伺、2A-9-公1401、国立公文書館蔵）
『米国博覧事務誌略』附録（『記録材料』一八七六年、2A-35-記1821、国立公文書館蔵）
「前田正名自叙伝」下、前田正名（『明治中期産業運動資料』一九、日本経済評論社、一九七九年）
Briefe aus Philadelphia, F. Reuleaux, Braunschweig, 1877.

【参考文献】

アシュビー・エリック（一九六七）『科学革命と大学』中央公論社
天ケ瀬恭三（一九八六）『近藤真琴伝』攻玉社学園
荒俣　宏（二〇〇〇）『万博とストリップ』集英社新書

池田史郎（一九六九）「慶応三年パリ万国博覧会に関する新史料」（『日本歴史』二五六、日本歴史学会）
石川澄雄（一九七〇）「一八六七年パリ万国博と日本―日本と西洋のであい―」（『日本歴史』二六三、日本歴史学会）
伊藤真実子（二〇〇八）『明治日本と万国博覧会』吉川弘文館
井野辺茂雄（原編）（一九六八）『西村勝三の生涯』西村翁伝記編纂会
ウィリアムス・ロザリンド・H（一九九六）『夢の消費革命』工作舎
ウィーナ・マーティン・J（一九八四）『英国産業精神の衰退』勁草書房
江崎悌三（一九八四）『江崎悌三著作集』二、思索社
遠藤正治（二〇〇三）『本草学と洋学』思文閣出版
大野　誠（一九九八）『ジェントルマンと科学』山川出版社（世界史リブレット）
大庭邦彦（一九九七）「徳川昭武にとっての滞欧体験―「徳川昭武日記」を読む―」（宮地正人監修『徳川昭武幕末滞欧日記』松戸市戸定歴史館）
カー・E・H（一九五六）『カール・マルクス』未来社
カードウェル・D・S・L（一九八九）『科学の社会史』昭和堂
加来祥男（一九八五）「フィラデルフィアからの手紙―ドイツ工学者のフィラデルフィア万国博覧会報告―」（『彦根論叢』二三四・二三五、滋賀大学経済学会）
鹿島　茂（一九九二）『絶景、パリ万国博覧会』河出書房新社
加藤幸三郎（一九八六）「G・ワグネルと殖産興業政策の担い手たち」（永原慶二他編『講座・日本技術

の社会史』別巻2人物編近代、日本評論社）
金子堅太郎（一九〇二）『経済政策』大倉書店
河北倫明・高階秀爾（一九七八）『近代日本絵画史』、中央公論社
川添　裕（二〇〇〇a）「芸能史ノート　見世物をどう理解するか―近世後期の興行件数と見世物絵から―」（『芸能史研究』一四八、芸能史研究会）
川添　裕（二〇〇〇b）『江戸の見世物』岩波新書
久米邦武（一九二〇）『鍋島直正公伝』鍋島家編纂所
倉田保雄（一九八三）『エッフェル塔ものがたり』岩波新書
黒江俊子（一九六二）「徳川昭武の渡欧と仏国博覧会出品の意義」（『法政史学』一五、法政大学史学会）
小林計一郎（一九七九）「近世善光寺の出開帳」（『日本歴史』三七〇、日本歴史学会）
コビング・アンドリュー（一九九四）『幕末佐賀藩の対外関係の研究』鍋島報效会
澤　護（一九八一）「清水卯三郎―一八六七年パリ万国博をめぐって―」（『研究論集』一九、千葉敬愛経済大学経済学会）
坂井犀水（一九三七）『黒田清輝』聖文閣
東海林吉郎・菅井益郎（一九八四）『通史足尾鉱毒事件　一八七七―一九八四』新曜社
スクラントン・フィリップ（二〇〇四）『エンドレス・ノヴェルティ』有斐閣
関　秀夫（二〇〇五）『博物館の誕生』岩波新書
関根　仁（二〇〇一）「一八七六年フィラデルフィア万国博覧会と日本―参加過程・状況を中心に―」

（『中央史学』二四、中央史学会）
角山幸洋（二〇〇〇）『ウィーン万国博の研究』関西大学出版部
ハーヴェイ・デヴィッド（二〇〇六）『パリ―モダニティの首都―』青土社
土井康弘（二〇〇八）『本草学者平賀源内』講談社選書メチエ
中岡哲郎（一九七七）「科学の制度化とナショナリズム」（河野健司編『フランス・ブルジョア社会の成立』岩波書店）
中川保雄（一九七九）「藤島常興：明治初期工業化政策との結びつき（Ⅰ・Ⅱ）（『科学史研究』一三一・一三二、科学史研究会）
半井桃水（一九二四）『土居通夫君伝』（復刻版、大空社、一九九八年）
長嶋伸一（一九八七）『世紀末までの大英帝国』法政大学出版局
西川智之（二〇〇六）「ウィーンのジャポニスム（前編）一八七三年ウィーン万国博覧会」（『言語文化論集』二七（二）名古屋大学大学院国際言語文化研究科編）
芳賀　徹（一九八九）『平賀源内』朝日選書
畑　智子（一九九八）「一八七六年フィラデルフィア万国博覧会の概要と「日本」の出品状況について」（『賀茂文化研究』六　賀茂文化研究会）
春山行夫（一九六七）『万国博』筑摩書房
パンツァー・ペーター、クレイサ・ユリア（一九九〇）『ウィーンの日本』サイマル出版会
比留間尚（一九八〇）『江戸の開帳』吉川弘文館

古川隆久（一九九八）『皇紀・万博・オリンピック』中公新書
松村昌家（一九八六）『水晶宮物語』リブロポート
丸山　宏（一九八六）「明治初期の京都博覧会」（『万国博覧会の研究』吉田光邦編、思文閣出版）
宮内　悊（一九七九）「第2回ロンドン国際博覧会と日本の出品物について」（『研究論集』四、九州芸術工科大学、一般・基礎教育系列）
三好信浩（一九七九）『日本工業教育成立史の研究』風間書房
宮下晋吉（二〇〇七）「F. Reuleauxと産業助成協会の新展開に関する一論考―フィラデルフィア万国博覧会からドイツ帝国特許法、世界市場展開へ―」（『立命館産業社会論集』四三―二〈一三四〉、立命館大学産業社会学会）
村瀬正章（一九六五）『臥雲辰致』吉川弘文館
諸田　実（一九七〇）『クルップ』東洋経済新報社
山本光雄（一九七〇）『日本博覧会史』理想社
吉田光邦（一九八五a）『万国博覧会』改訂版、日本放送出版協会
吉田光邦（一九八五b）『図説万国博覧会史　一八五一―一九四二』思文閣出版
吉見俊哉（一九九二）『博覧会の政治学』中公新書
和田千吉（一九二五）「本邦最初の博覧会」（二）（『新旧時代』第一年八月第六冊、明治文化研究会）

著者紹介
一九六四年、東京都に生まれる
一九九五年、中央大学大学院文学研究科博士後期課程退学
現在、首都大学東京 大学院人文科学研究科准教授、博士(史学)
主要著書
博覧会の時代—明治政府の博覧会政策—

歴史文化ライブラリー
298

博覧会と明治の日本

二〇一〇年(平成二十二)六月一日 第一刷発行

著 者 國《くに》雄《たけ》行《ゆき》
発行者 前田求恭
発行所 株式会社 吉川弘文館
東京都文京区本郷七丁目二番八号
郵便番号一一三—〇〇三三
電話〇三—三八一三—九一五一〈代表〉
振替口座〇〇一〇〇—五—二四四
http://www.yoshikawa-k.co.jp/
印刷=株式会社 平文社
製本=ナショナル製本協同組合
装幀=清水良洋

歴史文化ライブラリー

1996.10

刊行のことば

現今の日本および国際社会は、さまざまな面で大変動の時代を迎えておりますが、近づきつつある二十一世紀は人類史の到達点として、物質的な繁栄のみならず文化や自然・社会環境を謳歌できる平和な社会でなければなりません。しかしながら高度成長・技術革新にともなう急激な変貌は「自己本位な刹那主義」の風潮を生みだし、先人が築いてきた歴史や文化に学ぶ余裕もなく、いまだ明るい人類の将来が展望できていないようにも見えます。このような状況を踏まえ、よりよい二十一世紀社会を築くために、人類誕生から現在に至る「人類の遺産・教訓」としてのあらゆる分野の歴史と文化を「歴史文化ライブラリー」として刊行することといたしました。

小社は、安政四年(一八五七)の創業以来、一貫して歴史学を中心とした専門出版社として書籍を刊行しつづけてまいりました。その経験を生かし、学問成果にもとづいた本叢書を刊行し社会的要請に応えて行きたいと考えております。

現代は、マスメディアが発達した高度情報化社会といわれますが、私どもはあくまでも活字を主体とした出版こそ、ものの本質を考える基礎と信じ、本叢書をとおして社会に訴えてまいりたいと思います。これから生まれでる一冊一冊が、それぞれの読者を知的冒険の旅へと誘い、希望に満ちた人類の未来を構築する糧となれば幸いです。

吉川弘文館

〈オンデマンド版〉
博覧会と明治の日本

On Demand
歴史文化ライブラリー
298

2019年（令和元）9月1日　発行

著　者　國《くに》　雄《たけ》行《ゆき》
発行者　吉　川　道　郎
発行所　株式会社　吉川弘文館
〒113-0033　東京都文京区本郷7丁目2番8号
TEL　03-3813-9151〈代表〉
URL　http://www.yoshikawa-k.co.jp/

印刷・製本　大日本印刷株式会社
装　幀　清水良洋・宮崎萌美

國　雄行（1964～）

ISBN978-4-642-75698-3